Wolfgang Schröder

Die Unverfügbarkeit der Poesie

Wolfgang Schröder

Die Unverfügbarkeit der Poesie

Poetologische Reflexionen

LITERATURWISSENSCHAFT

Schröder, Wolfgang:
Die Unverfügbarkeit der Poesie: Poetologische Reflexionen.

1. Auflage 2011
ISBN: 978-3-86815-544-0
Lektorat: Christina Schmidt-Hoberg
© IGEL Verlag Literatur & Wissenschaft, Hamburg, 2011
Umschlaggestaltung: Christina Schmidt-Hoberg unter Verwendung der Graphik „Vielleicht brennt der Stift" von Michael Blümel
Alle Rechte vorbehalten.
www.igelverlag.com

Printed in Germany

Igel Verlag Literatur & Wissenschaft ist ein Imprint der Diplomica Verlag GmbH
Hermannstal 119 k, 22119 Hamburg
Printed in Germany

Die Deutsche Bibliothek verzeichnet diesen Titel in der Deutschen Nationalbibliografie.
Bibliografische Daten sind unter http://dnb.d-nb.de verfügbar.

I. Teil 7

Von der Unverfügbarkeit der Poesie 8

Über gewisse anti-literarische Neigungen
  im Gebiet der Literatur 18

Was übrig bleibt – Ansichten vom „Fragment der Fragmente".. 34

Die Umkehr des Negativs im Kopf des Betrachters 38

II. Teil 49

Von den Metaphern-Brücken der Künste 50

Tarnkappe für das Kunstwerk? 55

„Immer irgendwo Gewitter" – Aspekte der Gleichzeitigkeit 59

Punkt, Mitte, Kreis 91

Zur Geschichte der Spaßgesellschaft
  Über Goethes „Vorspiel auf dem Theater" 100

III. Teil 107

Ein Stück Literaturgeschichte des zwanzigsten Jahrhunderts
  Samuel Beckett 1961 in Bielefeld 109

Krapp, später
  Über die Fortsetzung der Diskontinuität 114

Aus dem Geist des Zweifels am Gedicht
  Über Marianne Moore 128

Vom Sinn des Trotzes und der Demut
  Über Ingeborg Bachmann 134

„Da es aber nicht so ist" – Gegenbildlichkeit bei Franz Kafka,
  Jurek Becker, Erich Fried und Arno Holz 138

Wolfgang Schröder

Vielleicht brennt der Stift

Endlich ein Anfang, mit einem Wort,
schon falsch, mit ein paar Wörtern,
auch nicht richtig,
mit einer Satzähnlichkeit,
also mit etwas Gekritzeltem,
also mit ersten Tilgungen,
alles ist wert, getilgt zu werden,
damit nichts bleibt,
außer natürlich dem wenigen,
welches standhält,
so dass es das Zweifeln beschämt,
so weit muss es kommen,
vorläufig gibt es die Duldung des Falschen
im Wahrgemeinten,
aber ein kräftiger Längenstrich
durchs Gegähnte
verhütet Schlimmeres, das stimmt immer,
man kann sich vergreifen beim Tilgen,
das macht nichts, die Zeit wühlt alles hervor
im kreisenden Schreiben,
der Papierkorb steht
im Orbit der Gültigkeitsmühen,
es stürzt das Geschriebene
weiter
von Wort zu Wort,
vielleicht steht ein Licht
über den Sätzen,
vielleicht brennt der Stift
buchstäblich,
bricht,
da ein Beweger sich müht,
nicht ab.

I. Teil

Von der Unverfügbarkeit der Poesie

Verstummen oder Nichtlassenkönnen

„Bist du nicht Schriftsteller?"
„Ich war. Jetzt arbeite ich posthum."

(Ulrich Horstmann, „Rückfall")

„Der Zwang zu schreiben quält mich entsetzlich", sagte Wolfgang Koeppen im Alter von 65 Jahren während eines Gesprächs mit Christian Linder. Er fuhr fort:

> „Wenn ich aber schreibe, freut es mich. Ich bin manchmal sogar sehr zufrieden mit dem, was ich schreibe, und dann wieder bin ich überzeugt, eine Tätigkeit auszuüben, die vollkommen sinnlos ist."

Wenn literarische Disposition als inwärtige Nötigung zum Schreiben sich mit jener schaffensbezogenen Skepsis vermengt, die in Anlehnung an Dieter Wellershoff als „Kompetenzzweifel der Schriftsteller" zu bezeichnen wäre, dann können mehrdeutige „produktive Krisen" beobachtet werden. In auktorialer Bedachtsamkeit scheinen sinnkritische Verlegenheiten, aber auch unentbehrliche Impulse zu wirken, und oft geschieht das Erneuernde und Schöpferische in Schüben, in Umbrüchen, in notwendigen Akten, die unvorhersehbar, jäh, unverfügbar sind.

Was hierbei die Wandlungen oder Berufungen zum Verstummen, zum Aufhören, zur Stille betrifft, sei auf bekannte Fälle hingewiesen, in denen das Schaffen unverhofft der Wahrnehmung des Zerbruchs unterliegt. 1902 veröffentlichte Hugo von Hofmannsthal den „Brief des Lord Chandos", worin der fiktive Verfasser das Fatum einer Sprachkrise rekapituliert, um sich dadurch „wegen des gänzlichen Verzichtes auf literarische Betätigung zu entschuldigen". Im selben Jahr brach Wilhelm Raabe die Arbeit am Roman „Altershausen" ab und beendete damit, sich gleichsam für einen gestorbenen Autor haltend, einundsiebzigjährig seine schriftstellerische Lebensarbeit. Fünfzig Lebensjahre früher, mit einundzwanzig Jahren, gab Arthur Rimbaud 1875 das Schreiben auf und begann ein unstetes Leben als Reisender durch die Welt und als Händler.

In einem Interview sagte Siegfried Lenz 1982:

> „Ich persönlich sehe manchen Grund dazu, mit dem Schreiben aufzuhören – wenn ich daran denke, was Literatur oder die gesamte schreibende Bemühung von vielen aufklärenden Menschen erreicht oder nicht erreicht hat. [...] Und wenn nichts mehr feststellbar ist an erwünschter Wirkung, dann stellt sich Resignation wie von selbst ein."

Aber ist die utilitaristische Kontrolle der Literatur nicht eher eine heterogene Einschüchterung? Dichterisches Schaffen stellt sich in keiner naiven Weise planvoll dar, und die Folgen bleiben meistens unabsehbar.

Wolfgang Hildesheimer beendete 1981/1982 seine Arbeit als Schriftsteller, um sich als Künstler nur noch der Malerei zu widmen. Über sein Verstummen sagte er: „Es gibt keine Geschichten mehr zu erzählen. Es hat mir die Sprache verschlagen." Das neutrale Pronomen „es" weist auf etwas Indisponibles hin, das den Autor unerwartet trifft. Hildesheimers eigene Erläuterung geschieht im Ton einer Richtigstellung:

> „Viele Kollegen laborieren unter dem falschen Glauben, dass Schriftstellersein eine Entscheidung fürs Leben ist. In Wirklichkeit ist es keine Entscheidung, sondern ein Schicksal, das sich mit jedem Buch wenden kann."

Diesen Ausspruch hebt auch Ulrich Horstmann, der Virtuose zeitgenössischer Unheilswahrnehmung, hervor, da er ein ähnliches postkreatives Stadium für sich reklamiert. Horstmann vertritt die Einsicht in den unberechenbaren „Eigensinn" der Dichtung, indem er sich auf das Diktum Percy Bysshe Shelleys bezieht: „A man cannot say, ‚I will compose poetry.' The greatest poet even cannot say it." Das Anfangen wie das Aufhören, das produktive Weitermachen wie das Aushalten der Stagnation sind Momente der Unverfügbarkeit der Dichtung für den Autor. Für sich selbst gebraucht Horstmann den Ausdruck „Quartalsliterat", und er bekennt in der Retrospektive, dass der Lechzende während der Zeiten der Dürre, der ausbleibenden kreativen Schübe

„lieber heute als morgen zurückverwandelt werden wollte in [...] den Hochstapler und Roßtäuscher, der [...] seinem Brotberuf die Zeit stahl und sich in der Heimlichkeit des Lasters so mit seinem Allerheiligsten vergnügte wie der Quartalssäufer mit dem Flachmann."

Schließlich umriss Horstmann seine Vita von der Geburt 1949 bis 2004, um seitdem posthum zu publizieren. In einem Aphorismus aus dem Jahr 2006 deutet er dies als „die Revokation des Todes durch [...] sein Unterlaufen über den multiplen Exitus." Oder, wie er kurz und bündig hinzufügt: „Totgesagte leben länger ..."

Aber schon bald nach seinem fiktiven Todesjahr 2004 und dem Nachruf zu Lebzeiten (LICHTUNGEN Nr. 101, 2005) bekennt und thematisiert der Autor-Erzähler Horstmann im Roman „Rückfall" (2007) sein auktoriales Nichtlassenkönnen; dies ist der Sinn des Romantitels. Das Buch handelt von den Interferenzen familiengeschichtlicher Recherche und fiktiver eskapistischer Narration, wobei die Reflexionen, Eröffnungen und Dialoge viele Male als Apologie des Phänomens fungieren, dass der „gewesene" Autor, der sich seit einiger Zeit „Ex-Künstler" nennt, wieder schreibt, wieder der sich fortzeugenden Schrift verfallen ist, einen kreativen Schub durchmacht usw.

Im Rückblick wird die Wende zum Verstummen als konsequenter Akt dargestellt: „Todernst ist es mir gewesen mit [...] dem Übertritt ins literarische Reich der Schatten, den dunkeln Kontinent des Nie-wieder." Aber nun ist alles anders:

„Einer raucht wieder, einer trinkt wieder, einer heult wieder, einer hurt wieder, einer fliegt, schwindet, schindet, schreibt, betreibt wieder. So, jetzt ist es heraus, die schlimme Geschichte, der Wortbruch, die Rückgratlosigkeit, von der ich hier Zeugnis ablege, allein schon, indem ich Zeugnis ablege."

Das sich wegen des Wankelmuts sorgende Gewissen wird bald zur Gewissheit, dass es mit dem Schreiben nicht zu Ende ist, sondern es vielmehr einen Auftrag gibt. Zwar hatte, wie das Ich des Autor-Erzählers höhnisch distanzierend über sich als einen anderen sagt, „der Schriftsteller Horstmann [...] die Stirn, seine Aufgabe für erledigt zu erklären, hinzuschmeißen, sich hinter einem fiktiven Todesdatum zu verschanzen"; aber der Sinn des „Rückfalls" wird ihm klar, als er am Straßenrand drei Kreuze, die für Verkehrstote aufgestellt wurden, sieht und bald danach die Unfälle während eines Besuchs der Oper „Don Giovanni" imaginiert:

„Ich hatte verstanden, warum alles, was erzählen kann, rückfällig werden muß, sobald es nicht mehr erzählen will. Um der Nicht-Rückfälligen willen! Wegen der Armseligen, deren Lebensgeschichte zur Unzeit abgerissen ist wie bei den drei Verkehrstoten und die sie, die sich nicht mehr zu Ende bringen können. Man muß solche Biographien über die Köpfe der Betroffenen hinweg verlängern, vervollständigen, abrunden, damit sie [...] lebenssatt und lebensmüde nach Ausschöpfung der Denkbarkeiten das Zeitliche segnen."

Signifikante Anreize für die persönliche literarische Renaissance gehen von den Signalen aus, die das trotz allem vorhandene Sprachmaterial bietet:

„Wenn die Schreibhand auch noch ruhiggestellt war, so konnte ich doch bereits Geschriebenes – Notizen, Skizzen, Unfertiges, Liegengebliebenes – unter die Lupe nehmen und sichten, konnte im literarischen Abraum nach Übersehenem und Wertvollem suchen."

Das Nichtlassenkönnen wird vom Geist der Läuterung ergriffen: Neuansatz zum Schreiben in der Revision von Geschriebenem.

Berufung gegen Beruf

„... und bin in Ruh
Hans Sachs ein Schuh-
macher und Poet dazu"

(Richard Wagner, „Die Meistersinger von Nürnberg")

Dem Drang zum Schreiben, wenn er einsetzt, eingesetzt oder wieder eingesetzt hat, stehen erwartbare Anfeindungen im Wege: heterogene Hindernisse, durch welche die Freiheit der Autorschaft herausfordernden Proben ausgesetzt ist. Die Spannung zwischen der Rolle des Produzierenden und gesellschaftlichen (sozialen, bürgerlichen) Ansprüchen kann sich kontraproduktiv auswirken; ebenso kann die Auflösung des Auftragsprinzips die kreative Disposition schwächen. Ein Anzeichen hierfür ist das Erlebnis des Widerspruchs zwischen Berufung und Beruf.

Vom Schriftsteller sagte Annette Kolb im Ton der Klage: „Wohl ist er vom Zwang der Bureaustunden verschont, aber seinen Beruf deshalb einen freien zu nennen, ist der reine Hohn." Gleichwohl geht man davon aus, dass sich seit dem 18. Jahrhundert die Existenzform des freien Schriftstellers verbreitete. Friedrich Gottlieb Klopstock, der für die geistige Unabhängigkeit des Schriftstellers im Gegensatz zum „Hofpoeten" eintrat, gilt als erster „freier Dichter", neben Gotthold Ephraim Lessing, der sich 1748 entschied, als freier Schriftsteller zu wirken. Solche Entscheidungen waren nie unproblematisch. Sie betreffen die Essenz von Lebensentwurf und Auftrag. Der Student E. T. A. Hoffmann notierte den Stoßseufzer:

> „Ich muß mich zwingen, ein Jurist zu werden. Wenn ich von mir selbst abhinge, würd' ich Komponist und hätte die Hoffnung, in meinem Fache groß zu werden, da ich in dem jetzt gewählten ewig ein Stümper bleiben werde."

Sein Leben blieb geprägt durch die Spannung zwischen alltäglicher Berufswelt und poetischer Imagination. Das Denkmal seines Grabes auf dem Friedhof am Mehringdamm in Kreuzberg aber zieren die Worte seiner Freunde: „ausgezeichnet / im Amte / als Dichter / als Tonkünstler / als Maler".

Es sind nicht wenige Autoren, die in zivilen oder staatlichen Ämtern zu arbeiten hatten und haben und dadurch als geistige Pendler zwischen Berufung und Beruf erscheinen. Dieser Problemkomplex wird gern mit den Begriffen beschworen, die Friedrich Schiller in seiner Jenaer Antrittsvorlesung von 1789 verwendete: „Brodgelehrter", „Brodstudien", „Brodwissenschaft". Schiller argumentierte gegen „Geistesstillstand" und appellierte an die Ziele „höherer Vortrefflichkeit". Wir wissen, dass Schiller fürs tägliche Fortkommen schreiben musste; und man kann sich vorstellen, dass die Sorgen um den Hausstand sehr bedrückend waren. Nicht minder missmutig machte den Dichter das „akademische Karrenführen" in Jena. So schrieb der seit 1789 Geschichte lehrende Professor für Philosophie schon 1790 an seinen Freund Christian Gottfried Körner: „Gegenwärtig fehlt es mir sehr an einer angenehmen und befriedigenden Geistesarbeit. […] Es wird mir aber nicht eher wohl werden, bis ich wieder Verse machen kann."

Franz Kafka machte die Diskrepanz von Brotberuf als Versicherungsangestellter und Berufung zum Autor in desillusionierenden Alpträumen produktiv. Nicht jeder erträgt den Konflikt zweier Rollen in einer Person. Bürde und Entfremdung können die Kräfte des kreativen Einzelnen verzehren. Ein Ausscheiden aus dem Brotberuf muss dann als folgerichtige Entlastung erscheinen. 1954 löste Max Frisch – dreiundvierzigjährig, im Jahr des Erscheinens des Romans „Stiller" – sein Architekturbüro auf, das er zwölf Jahre geführt hatte. Eduard Mörike wurde als Pfarrer vorzeitig pensioniert. Walter Kempowski brauchte nach 1979 nicht mehr als Grundschullehrer zu arbeiten. Italo Svevo, Kind einer wohlhabenden Familie, wollte eine Schriftstellerkarriere einschlagen, wurde aber, als das Unternehmen seines Vaters in Konkurs ging, Angestellter bei der „Banca Union" in Triest, ließ zwei Romane auf eigene Kosten – erfolglos – drucken und wurde von seinen Schwiegereltern bedrängt, das Schreiben aufzugeben und sich nur seiner Familie und seinem Beruf zu widmen. Svevo kündigte jedoch beizeiten bei der Bank, weil er die Fabrik seines Schwiegervaters übernahm, worauf er sich, unter anderem durch James Joyce ermutigt, voll dem Schreiben widmen konnte.

Sehr viele „Doppelexistenzen", biographische „Draufgaben" sind bekannt: Pfarrer-Poeten, Dichter-Ärzte, literarisch schreibende Literaturwissenschaftler, erzählende Juristen, aufmüpfig textende Lehrer, Autoren in politischen Ämtern, Kämpfer mit wohlformulierten Worten, Geschichte und Schande bezeugende Bürger, beflissene Mediatoren der Schrift, Frauen in schwieriger Mehrfachrolle als Schriftstellerin, Ehefrau, Mutter; man kann die Beispiele – synergetische Konstellationen oder schmerzliche Diskrepanzen – nicht gerecht aufzählen. Das wohl humorvollste und populärste Beispiel eines Bekenntnisses zur zweifachen Berufung verbindet sich mit dem Namen Hans Sachs. Er war „ein Schuh- / macher und Poet dazu." Was die Fälle eines eher ausgewogenen Verhältnisses von Berufung und Beruf in der Moderne angeht, so könnte zum Beispiel auf den amerikanischen Dichter Wallace Stevens hingewiesen werden. Er scheint ein mehr als nur leidlich entschiedener Jurist gewesen zu sein, wirkte als Firmenanwalt und war zeitweilig Vizepräsident einer Versicherungsgesellschaft.

Thomas Bernhard äußerte als 40-jähriger Autor in einem Fernseh-Monolog:

> „Ich bin auch auf eine kaufmännische Schule gegangen, und es hat ebenso eine Zeit gegeben, wo ich mir gedacht habe, na ja, ich könnt' auch ein Kaufmann sein, und es hat mich gereizt, mich in der Richtung zu entwickeln ..."

Bernhard wollte damit letztlich die Unplanbarkeit eines (seines) schöpferischen Lebenslaufs durch den Aspekt der Beliebigkeit der Richtungen betonen. Und freilich sind bei der Betrachtung des ungewissen Verhältnisses von Beruf und Berufung die wirtschaftlichen Bedingungen der Dichterexistenzen nicht unmaßgeblich. Vielmehr wird hier der Sinn von Unternehmung (Unternehmen) und des Wucherns mit den anvertrauten Talenten (Mt 25,14-30; Lk 2,19-27) – beides in der doppelten Bedeutung – berührt, ja aufgewühlt. Fälle finanzieller Not von Künstlern und Autoren sind aus allen Zeitaltern überliefert. Bei Walther von der Vogelweide zum Beispiel findet sich der triftige Hinweis auf klare Bedingungszusammenhänge des Versemachens gegen Honorar: „ich will aber miete: / wirt mîn lôn iht guot, / ich gesage iu lîhte daz iu sanfte tuot. / seht waz man mir êren biete."

Die ökonomische Seite des indisponiblen Schaffens ist die gewagte Investition mit hoher Wahrscheinlichkeit des Ruins. Wolfgang Koeppen sagte im eingangs erwähnten Gespräch:

„Mein Untergang beschäftigt mich, diesen Untergang sehe ich, dieser Untergang ist da und birgt sehr viel Schrecken in sich, wenn ich ihn nicht irgendwie beende. […] Selbst wenn ich jetzt mit einem Buch herauskomme, so habe ich für dieses Buch bei meinem Verleger nur Schulden […]; ich habe nichts von meinem Verleger zu fordern, wenn er mir etwas gibt, so ist das sozusagen Mildtätigkeit oder Glaube an mich. […] Ein Untergang wäre es zum Beispiel, wenn ich die Miete für diese Wohnung nicht mehr bezahlen kann und rausfliege. Ich würde wohl nicht mehr die Kraft haben, die Existenz eines Clochards zu führen, die mir früher sehr freundlich vorschwebte."

Als Theodor Fontane fast sechzigjährig seinen endgültigen Durchbruch zur Existenz als freier Schriftsteller vollzog, kommentierte er diesen Entschluss in einem Brief als äußerstes Risiko:

„Mißglückt es, so bin ich verloren. Ich habe meine Schiffe verbrannt und darf – wenn ich auch keine Siege feire – wenigstens nicht direkt unterliegen. Meine Arbeit muß zum mindesten so gut sein, daß ich auf sie hin einen kleinen Romanschriftstellerladen aufmachen und auf ein paar treue, namentlich auch zahlungsfähige Käufer rechnen kann."

Dichter ohne Werk

„Vladimir: Tu aurais dû être poète.
Estragon : Je l'ai été. *Geste vers ses haillons.* Ça ne se voit pas?"
(Samuel Beckett, „En attendant Godot")

Und irgendwo in der globalen Gesellschaft der Menschen existieren die Namenlosen, die Fälle heillos verzettelten Lebens, brach liegender, erloschener oder geopferter Autorschaft. Hinter bürgerlichen Erfolgen oder Fassaden verbergen sich vielleicht erbärmlich verpfuschte Geistesschicksale, hinter gesellschaftlich anerkannten Leistungen verworfene Lebenspläne mit der Kunst. Die notwendig unbekannten Skandale der Dichtung sind verkümmernde Schreibbegabung, abgestumpfte Kreativität, verdorrte Imagination, vergrabenes Talent. Aber auch „Unwerke" mögen noch gedeihen, und die „anastatische Option" sei weder künstlerbiographisch noch im Sinne der Kunstgeschichte, die eine Zukunft haben mag, ausgeschlossen.

Es ist eine Trivialität unter den Wahrnehmungen der Ironie des Lebens, dass sich die widrigen Umstände oft als die ratsamen erweisen. Wenn der leicht seinsvergessene Estragon in Becketts „Godot"-Stück auf das respektvoll-höhnische Kompliment seines Partners Wladimir, er hätte „Dichter werden sollen", mit Fingerzeig auf seine Lumpen teils schicksalergeben, teils selbstbewusst – „War ich doch. [...] Sieht man das nicht?" – repliziert, dann ist darin auch eine aphoristische Apologie des artistischen Verzichts zu erkennen. Im selbstironischen Dichterstolz aufs poetische Scheitern setzt sich eine nicht verlorene Spur schöpferischer Existenz unter den Bedingungen ihrer Verneinung fort. Die mit der Torheit kokettierende Stimme der zerronnenen Poesie und der Richtigkeit des Misslingens klingt auch wie ein Orgelton zur widersinnig scheinenden Behauptung posthumer Autorschaft.

Das Unterlaufen der Vollendung als extremer Ausdruck ästhetischer Differenz wie das Weiterschaffen nach ausgebrannter Kreativität, die Entbehrung des Gelingens als alarmierende poetische Geste wie die Resistenz in den Lumpen des armen Poeten sind Anzeichen einer widerstandsfähigen Kriseneignung der Dichtung. Schaffensanfang und Schaffensende geschehen, metaphysisch betrachtet, durch unwillkürlichen Auftrag. Was als Unberechenbarkeit des Beginnens und Beendens des Schreibens evident ist, offenbart einen unvorsätzlich formierenden, die Kompetenzen der Lebensplanung transzendierenden und nicht selten übermenschlich erscheinenden Bedingungszusammenhang der künstlerischen Freiheit.

Zweifellos gibt es ungeschriebene Lebensgeschichten des verneinten Schaffens, die man sich wohl als überraschungsgeladene „Künstlernovellen der Absenz" vorstellen könnte. Sie müssten keinen enttäuschten Dilettantismus widerspiegeln. Vielmehr hätten wir es mit einer möglicherweise erst dämmernden „Dekonstruktion" des prometheischen Prinzips zu tun. Darauf deutete schon Girolamo Fracastoro (1478-1553) durch die Formulierung der Idee eines Dichters ohne Werk hin. Er meinte, dass nicht nur derjenige als ein Dichter zu bezeichnen sei, der neu Geschaffenes zu Papier bringe und Verse mache, sondern auch derjenige, der zwar ein poetisches Wesen besitze, um die Dinge zu erkennen, aber gleichwohl nichts schreibe: „Dico autem poeta nunc non solu, qui scribat, et numeros condit, sed et illum, qui natura poeta est, tametsi nihil scribat."

Der Dichter ohne Werk, ein Meister des Entsagens, der keinen Zweifel hegen würde am Geschenktheitscharakter des Gelingens, wäre mit seiner durchschlagenden Erfolglosigkeit kein Einzelfall. Sein verhaltenes Oeuvre, ein „Unwerk", für das er sich hingibt zwischen den Zeilen, in Nebensätzen, Nischen und im Abseits der Präsentationen, spräche vielen Untaten und Unworten den gebührenden Hohn. Jegliches Geltungsverlangen, das aus verlautender Sprache tönt, nimmt er mit Abstand wahr, und der spätmodernen Krise des subjektiven Autors vermag er, ausgerechnet er, in aller Stille des Erkennens eine Stirn zu bieten.

Über gewisse anti-literarische Neigungen im Gebiet der Literatur

I.

„Der Himmel behüte uns vor ewigen Werken."[1]

Mit diesem Stoßseufzer signalisiert Friedrich Schlegel im Georg-Forster Aufsatz von 1797 die Hoffnung auf bessere Einsicht in die Notwendigkeit eines permanenten literarischen Revisionismus in der Moderne. Die Annahme, es hätte einen Kanon des Überdauernden zu geben, ist entschieden in Frage gestellt: „Es kann [...] kein schriftstellerischer Künstler so nachahmungswürdig werden, dass er nicht einmal veralten und überschritten werden müsste."[2] Das Flehen um Bewahrung vor unüberwindlichen Vorbildern ist an den Himmel gerichtet, der sich über alle gewesenen und noch möglichen Vervollkommnungen wölbt.

„Balgerei mit Klassikern"

Die skeptische Sicht, dass das Klassische das Fortschrittswidrige sei, ist längst gemein und geläufig geworden, sie hat aber noch immer einen provozierenden Reiz. Im Zeitalter der Verdinglichung der literarischen Erzeugnisse schreibt Wolfgang Bauer für sein Stück „Magic Afternoon" (1968) eine Theaterszene, in der zwei der Protagonisten, Birgit und Charlie, einander fröhlich mit Büchern bewerfen. Die gedruckte Literatur fliegt ihnen um die Ohren, dass es eine Freude ist:

„Sie kratzt ihn, er schlägt sie, dass sie aufs Bett fällt, sie wirft ihm Bücher nach, er wirft Bücher zurück, es kommt zu einer regelrech-

---

[1] Friedrich Schlegel: „Georg Forster. Fragment einer Charakteristik der deutschen Klassiker" [1797], in: Friedrich Schlegel: Schriften zur Literatur, hg. v. Wolfdietrich Rasch, München 1972, S. 194.
[2] Ebd.

ten Bücherschlacht, bei der beide langsam immer fröhlicher werden. Bevor sie werfen, schreien sie die Autoren der Bücher. Also z.b.: Scheiß-Dürrenmatt, Scheiß-Pinter, Scheiß-Albee, Scheiß-Walser, Scheiß-Grass, dann fröhlicher werdend: Scheiß-Ionesco, Scheiß-Audiberti, Scheiß-Adamov, Scheiß-Genet, Scheiß-Anouilh, Scheiß-Beckett ... (beide lachen schon) jetzt eine abschließende Balgerei mit Klassikern: Scheiß-Goethe, Scheiß-Schiller ..."[3]

In der Negationsfreude triumphieren höhnisch noch die Schablonen: die Klassiker der Moderne, die Klassiker des Absurden, die Klassiker der Klassik. Für die Konsumenten des literarischen Marktes zählt der Bestand der Bücher, die ihr Leben umstellen, längst zu allen anderen sinnlosen Dingen, die zum Spiel mit der Entfremdung taugen.

„Das Gefabel der Dichter"

Das Aufbegehren gegen scheinbar Vertrautes in der literarischen Bildung kann unterschiedliche Gründe oder Ziele haben. Im ersten Buch seiner „Bekenntnisse" (um 400) schreibt Augustinus über Einsichten, die er aus Erfahrungen des Knaben und Schülers mit der Literatur gewonnen hat: „Wahrhaftig, ich vergäße doch lieber die Irrfahrten des Äneas und alles sonst dergleichen als das Schreiben und das Lesen."[4] Konkrete Bildung lässt sich von Fiktion und Belletristik offenbar nicht tief beeindrucken.

„Sie sollen nur nicht belfern wider mich, nicht die Verkäufer noch die Käufer der Schöngeisterei. [...] Wenn ich etwa fragte, was man zum größeren Nachteil für das Leben vergäße, ob das Lesen

---

[3] Wolfgang Bauer: Magic Afternoon, Change, Party for Six, Köln 1969, S. 35.
[4] Augustinus: Bekenntnisse, Frankfurt a. M. 1955, S. 19.

und Schreiben oder das Gefabel der Dichter, wer könnte um die Antwort verlegen sein, wenn er nicht ganz von Sinnen ist?"[5] Die Kulturtechniken des Lesens und Schreibens rangieren höher als „das Gefabel der Dichter".

„Was sie nicht lesen sollen"

Ähnliche Einwände wie dieser kehren über die Jahrhunderte hinweg immer wieder. Oscar Wilde, der um das Verwerfliche und das Verworfene von Kunst und Literatur weiß und deshalb umso empfindlicher ist, was im Spannungsverhältnis zwischen dem Beständigen und dem Vergänglichen den Aufstand gegen „das Gefabel der Dichter" betrifft, urteilt 1886:

> „Zum Parnass führt keine Schulfibel und nichts, was sich erlernen läßt, ist je des Lernens wert. Aber den Leuten zu sagen, was sie nicht lesen sollen, ist etwas ganz anderes, und ich möchte so weit gehen, es als Teil der Erwachsenenbildung zu empfehlen. [...] Wer aus dem Chaos unserer modernen Lehrpläne ‚Die hundert schlechtesten Bücher' auswählt und in einer Liste veröffentlicht, wird der heranwachsenden Generation einen echten und dauernden Dienst erweisen."[6]

Der Aufruf zur Erstellung eines negativen Kanons bedeutet einen Affront gegen undifferenzierte oder differenzierungsscheue literarische Bildung und untergräbt dabei die Idee des Kanonisierens überhaupt. Wildes Appell steht in der Tradition anti-literarischen Sprechens um der Literatur willen, das in der Neuzeit geläufig ist.

---

[5] Augustinus 1955, S. 19.
[6] An den Herausgeber der Pall Mall Gazette, in: Mein Name ist Prinz Paradox. Oscar Wilde zum Vergnügen, hg. v. Ulrich Horstmann, Stuttgart 2000, S.112.

"Mit den Büchern zu Ende"

Diese Widersprüchlichkeit ist sinnvoll und aufschlussreich. In Alfred Anderschs Roman „Sansibar oder der letzte Grund" (1957) erscheint dem Jungen, der die gebrochenen Verhältnisse der Erwachsenen zu ahnen begonnen hat, die soziale Realität mehr und mehr als Gegenwelt zur Welt der Bücher:

> „Er hatte den Tom Sawyer und die Schatzinsel und den Moby Dick und Kapitän Scotts letzte Fahrt und Oliver Twist und ein paar Karl-May-Bände, und er dachte: die Bücher sind prima, aber sie stimmen alle nicht mehr, so, wie es in den Büchern zugeht, so geht es heute nicht mehr zu [...]. Und zugleich wußte er, daß er mit den Büchern zu Ende war."[7]

Damit scheint der Kanon der Jugendbuch-Klassiker auf dem Spiel zu stehen. Aber es handelt sich hier um eine dialektische Herausforderung. Der Junge nimmt das Entgegenstehende der Wirklichkeit erst auf Grund der Erfahrungen, die ihm seine „Schmöker" ermöglicht haben, wahr. Es fällt auf, dass das Bewusstsein der Dringlichkeit von konkreter Utopie durch die Enttäuschung über das Als-ob der literarischen Illusionswelt erzeugt wird: „Was man brauchte, das war ein Mississippi."[8] Der Mississippi im Roman von Mark Twain stellt sich dem Leser als ein fiktiver Ort der romantischen Erfahrung von Freiheit dar. Deshalb wird das Virtuelle in seiner Gegenbildlichkeit rezipiert und geschätzt. Aber der ontologische Status des Nicht-Seins enttäuscht und drängt zur Verwirklichung als Sein-Sollen. Dadurch erklärt sich der anti-literarische Affekt im Bewusstsein, welches durch eben die literarische Alternative gebildet, sensibilisiert und aufgeklärt worden ist.

---

[7] Alfred Andersch: Sansibar oder der letzte Grund, Zürich 1970, S. 76 f.
[8] Ebd., S. 77.

„Alle diese erträumten Hirngespinste"

Es kennzeichnet den Wahnsinn der literarischen Bildung eines Don Quijote, dass er in Cervantes' Roman (1605/1615) mit erlesener Imagination die Negation der Realität vollzieht:

„Er erfüllte nun seine Phantasie mit solchen Dingen, wie er sie in seinen Büchern fand [...]. Er bildete sich dabei fest ein, daß alle diese erträumten Hirngespinste, die er las, wahr wären."[9]

Die kontrafaktische Kompetenz des Träumers der Stoffe, aus denen die narrativen Inhalte in „seinen Büchern" sind, parodiert die Utopie ritterlichen Engagements:

„Denn es schien ihm nützlich und nötig, sowohl zur Vermehrung seiner Ehre, als zum Besten seiner Republik, ein fahrender Ritter zu werden und mit Rüstung und Pferd durch die ganze Welt zu ziehen, um Abenteuer aufzusuchen und alles das auszuüben, was er von den irrenden Rittern gelesen hatte, alles Unrecht aufzuheben und sich Arbeiten und Gefahren zu unterziehen, die ihn im Überstehen mit ewigem Ruhm und Namen schmücken würden."[10]

Don Quijote spiegelt das Glück der inneren Bereicherung sowie die Tugenden der Konzentration und der vertiefenden Hingabe. Aber durch fehlendes Maßhalten wird er zum Narren, der Einwände auf sich zieht, die den heutigen kulturkritischen Bedenken gegenüber elektronischer Mediennutzung verblüffend ähnlich sind: zu viel Simulation, zu viel Spaß an virtueller Welt, nichts Reales dran! Auf dem Sterbebett sagt er der Literatur ab: „Ich erkenne meine Torheit und die Gefahr, in welche mich ihre Lesung gebracht hat, und verabscheue sie jetzt, da mir Gottes Barmherzigkeit meine Sinne wieder geschenkt hat."[11]

---

[9] Miguel de Cervantes Saavedra: Don Quijote von la Mancha. Nach der Übertragung von Ludwig Tieck, München o. J., S. 15.
[10] Ebd.
[11] Ebd., S. 586.

„Mit der ich nichts zu tun haben will"

Anti-literarisches Gebahren auf dem Gebiet der Literatur tritt oft bekenntnishaft in Erscheinung. Dazu gehört beispielsweise Brechts bekannte Herabwürdigung schöngeistiger Dichtung bei seiner Preisrichtertätigkeit 1927: „Das sind ja wieder diese stillen, feinen, verträumten Menschen, empfindsamer Teil einer verbrauchten Bourgeoisie, mit der ich nichts zu tun haben will!"[12] Die frühe Selbsterklärung Peter Handkes von 1967 wird von einem ähnlichen Gestus geführt: „Seit einiger Zeit hat die Literatur, die zur Zeit geschrieben wird, mit mir nichts mehr zu tun."[13] Nicht schaustellerisch ans Ich des Autors geknüpft, sondern in allgemein relevantem Zusammenhang zu verstehen sind Verdikte wie die ebenfalls von Brecht 1939 beschworene Kriminalisierung der Natur-Thematik – „Was sind das für Zeiten, wo / Ein Gespräch über Bäume fast ein Verbrechen ist / Weil es ein Schweigen über so viele Untaten einschließt"[14] – oder Adornos berühmtes Diktum von 1951: „nach Auschwitz ein Gedicht zu schreiben, ist barbarisch"[15].

Es seien zwei Beispiele aus früheren Jahrhunderten genannt, die zeigen, wie die Dichtung immer wieder auch ihre selbstkritische Neigung an eher unauffälligen Stellen verfolgt. William Shakespeare verhöhnt gegen Ende des 16. Jahrhunderts im achtzehnten seiner Sonette das poetische Verfahren des Naturvergleichs, indem er seine Zweifel anmeldet, ob denn die im Gedicht angeredete Person wie in tradierter lyrischer Sprache nun etwa auch von ihm mit einem Sommertag verglichen werden solle. Das poetologische Gedicht beginnt deshalb mit der Frage, ob es angemessen sei, den alten Topos wieder aufzugreifen: „Shall I compare

---

[12] Bertolt Brecht: Über Lyrik, Frankfurt a. M. 1964, S. 9.
[13] Peter Handke: Ich bin ein Bewohner des Elfenbeinturms, Frankfurt a. M. 1972, S. 23.
[14] An die Nachgeborenen (1939), in: Bertolt Brecht: Gesammelte Gedichte, Band 2, Frankfurt a. M. 1976, S. 723.
[15] „Kulturkritik und Gesellschaft". Vgl. Petra Kiedaisch (Hg.): Lyrik nach Auschwitz? Adorno und die Dichter, Stuttgart 1995, S. 49.

thee to a summer's day?" Es beinhaltet den Nachweis, dass dieser Vergleich nichts taugt. William Wordsworth gerät 1805 angesichts eines Feldes von Narzissen in eine lyrikträchtige Situation und mutmaßt im davon handelnden Gedicht „I wandered lonely as a cloud", dass ein den üblichen Erwartungen entsprechender Dichter jetzt notwendigerweise in einen Zustand produktiver Freude geraten würde – „a poet could not but be gay" –, während er selbst mit den Begriffen „vacant" und „pensive" zur Bezeichnung seiner inneren Befindlichkeit in der nachdenklichen Einsamkeit eher die Abkehr von literarischer Kommunikation vertritt.

Es gehört zum Wesen der Dichtung, dass sie von sich selber handeln kann. Die autothematischen Inhalte sind fast immer sehr kritisch. Der anti-lyrische Gestus moderner Lyrik – „lies keine oden, mein sohn, lies die fahrpläne: / sie sind genauer"[16] –, der Zorn über die zu wenig zornige Literatur, die ästhetische Kritik am Ästhetischen, das Gegen-Gedicht als Kommentar zum Gedicht[17], das Anti-Lied, die Anti-Kunst, der Anti-Held, der Anti-Roman, das „Antiteater"[18] sind Phänomene, die zeigen, „daß die Kunst ihre Protestfunktion auch gegenüber der Kunst ausübt"[19].

„Pfahl ins Fleisch"

Die Besorgnis wegen eines übermächtigen klassischen Anspruchs auf Ewigkeit (1.), die Einsicht in die Lächerlichkeit von etablierten Größen und bewährten Schablonen (2.), die Abkehr von der Nichtigkeit des Bildungsrespekts vor mythischer Überlieferung (3.), der Drang zur Inversion des Kanonischen (4.), die Dialektik in der möglichen Enttäuschung beim Vergleich von Realität und Fiktion (5.), die wesentliche Fragwürdigkeit des literarischen Scheins (6.),

---

[16] Hans Magnus Enzensberger: Gedichte, Frankfurt a. M. 1962, S. 28 („ins lesebuch für die oberstufe").
[17] Vgl. Erich Fried: Befreiung von der Flucht. Gedichte und Gegengedichte, Hamburg 1968.
[18] Rainer Werner Fassbinder: Antiteater, Frankfurt a. M. 1970.
[19] Herbert Mainusch: Regie und Interpretation, München, ²1989, S. 54.

die Abwehr gegen vermeintliche Vorbildlichkeiten in der literarischen Produktion (7.) erscheinen wie „ein Pfahl ins Fleisch" der Literatur, damit diese sich hoher Offenbarungen nicht überhebe[20].

II.

„Auf einen Haufen"

Als Don Quijote vermeintlich zum Ritter geschlagen ist, erkennen Freunde des Helden, dass seine Wahnkrankheit durch die vielen gelesenen Bücher verursacht wurde: „Im Zimmer standen mehr als hundert Autoren in Folio, die gut eingebunden waren, und außerdem noch mehrere in kleinerer Figur."[21] Es folgt ein vielsagendes Strafgericht über sie. Drei Personen des Romans – die Haushälterin, die Nichte und der Pfarrer (Lizentiat) – sind die Vollstrecker des Brandopfers. Die Haushälterin sieht in Büchern einen teuflischen Zauber wirken, während der Pfarrer solche Dämonisierung für einfältig hält. Er betrachtet die belletristischen Werke zwar kritisch, aber nicht prinzipiell ablehnend oder diffamierend, „weil sich vielleicht einige finden möchten, die die Feuerstrafe nicht verdienen."[22] Die Nichte besteht jedoch auf der finalen Lösung: „auf einen Haufen", „Feuer dran", und zwar im Hinterhof, damit den Selbstgerechten der Ekel bei der Bücherverbrennung erspart bleibe:

> „Es wäre am besten, sie durch die Fenster in den Hof zu schmeißen, sie da auf einen Haufen zu packen und Feuer dran zu legen; oder man könnte sie auch in den Hinterhof bringen und da den Scheiterhaufen errichten, weil uns dann der Rauch nicht beschwerlich fiele."

---

[20] 2 Ko 12,7.
[21] Cervantes, S. 36.
[22] Ebd., S. 37. – Ebenso die folgenden Zitate.

So geschieht es: „Buch um Buch, Foliant um Foliant flog zum Fenster hinaus und endete ehrlos und schimpflich auf dem Scheiterhaufen."

„Im Kamin"

„Es brennt am 4. November 1869 im Kamin, als James Thomson wenige Wochen vor seinem fünfunddreißigsten Geburtstag alle Papiere, Briefe und unveröffentlichten Manuskripte vernichtet. Die Prozedur dauert fünf Stunden."[23]

„Letzte Hand"

Im September 1776 macht Georg Christoph Lichtenberg die Sudelbuch-Eintragung: „Die letzte Hand an sein Werk legen, das heißt [es] verbrennen."[24] Aus dem eulenspiegelnden Scherz mit dem fachsprachlichen Ausdruck spricht der Hohn auf die bekanntermaßen unterstellte Autorenabsicht, dass in letzter Fassung das überdauernd Richtige festgeschrieben werde. Was kann darüber hinaus der Sinn dieser böse wirkenden Konsequenz aus einer soliden Gepflogenheit zur Wahrung von Gültigkeit in editorischer Hinsicht sein? Nach einseitig maliziöser Lesart des Aphorismus wäre der Zweck des Verbrennungsopfers die Bewahrung nachgeborener Rezipienten vor schlimmen, schlimmeren und schlimmsten Machwerken der Kreativität. Der Gedanke ans Autodafé erscheint aber auch wie die merkwürdige Beschwörung einer extremen Erwartung an den schöpferischen Menschen im Zeitalter der Fortschritte. Der Finalakt hypertrophierter Vollendung, also die

---

[23] Ulrich Horstmann, in: James Thomson: Nachtstadt und andere lichtscheue Schriften, übersetzt und mit einem Nachwort versehen von Ulrich Horstmann, Zürich 1992, S. 183.
[24] Aphorismus F 172, in: Georg Christoph Lichtenberg: Sudelbücher, hg. v. Franz H. Mautner, Frankfurt a. M. 1984, S. 252 (vgl. Anm. 30).

Vernichtung als Höhepunkt des Gelingens, wäre gewissermaßen der Strich durch die Leiden der Vorläufigkeit.

„Totale Korrektur"

Die Einsicht, dass das dekonstruktive Wesen von Produktivität ihrer aufbauenden Potenz komplementär entspricht, verdankt das moderne Reflektieren insbesondere Friedrich Schlegel, der in den „Kritischen Fragmenten" schreibt, dass „Selbstschöpfung und Selbstvernichtung"[25] in geistigen Prozessen zusammenwirken. Die „Selbstvernichtung" teilt mit der „Selbstschöpfung" sowohl die Verheißungen als auch die Risiken der Autonomie.

Belege für die konsequente Apologie der „Selbstvernichtung" als Extremstufe außergewöhnlicher Akte der „Selbstschöpfung" finden sich im Werk von Thomas Bernhard. Im Roman „Korrektur" (1975) geht es um das bewusste und permanente Verändern (Korrigieren) produktiver Setzungen als sozusagen negativer Kreativität, die sich bis zur Werksvernichtung steigert. Gegenstand der Dialektik von Erschaffung und Zerstörung ist eine „größere Studie", die ihr Verfasser Roithammer

> „in Angriff genommen und schließlich vollendet, aber kurz nach ihrer Vollendung dann [...] wieder zerstört hat, indem er sie zu korrigieren und wieder und wieder zu korrigieren angefangen und sie schließlich und endlich [...] durch unausgesetztes Korrigieren vernichtet, wie er glaubte, zutode korrigiert und damit vernichtet hat, wie er glaubte"[26].

Der Erzähler, Herausgeber des Nachlasses Roithammers, erkennt in der Destruktion des Geschaffenen – der vollendeten Studie – die methodische Voraussetzung für eine Neuschöpfung:

> „Denn die Zerstörung der Studie durch seine Hand, durch seinen scharfen, mit der Studie am rücksichtslosesten verfahrenden Ver-

---

[25] Schlegel, in: Rasch 1972, S. 9.
[26] Thomas Bernhard: Korrektur, Frankfurt a. M. 1975, S. 85 f.

stand, war doch nur gleichbedeutend mit der Erschaffung einer völlig neuen Studie"[27].

Es ist nicht Wankelmut, sondern zu sich gekommene Rationalität, die in der kritischen Selbstreflexion der „Geisteskostbarkeiten"[28] eines „work in progress" herrscht und auf den Ebenen, wo Vollendungen zu geschehen pflegen, die Vollendung der Vollendung, „die totale Korrektur"[29] bewirkt.

Das sonst Vorläufige wird dann inflammabel. Der Erzähler in Thomas Bernhards Roman ist über Roithammers Konzepte folgendermaßen aufgeklärt:

„Ich besitze einen Zettel von ihm mit der Bemerkung, er werde, nachdem er durch die totale Korrektur der Studie die Studie vernichtet habe, indem er die Studie in ihr Geistesgegenteil verkehrt habe, [sie] verbrennen."[30]

Die Tathandlung des Vernichtens ist mit dem Prozess der Erschaffung zuinnerst korreliert. Um durch letzte Hand in die Energie des Feuers überzugehen wie im ironischen Aphorismus Lichtenbergs, muss das reale Werk vorher in der „rücksichtslosesten" Selbstkritik, durch den Akt der kognitiven „Selbstvernichtung" in die Antithese, ins „Geistesgegenteil" gewendet, dialektisch negiert worden sein.

„Ausnahmslos zu verbrennen"

Wenn die Nachlassverfügung eines Autors, seine angesammelten und bis zum Tod nicht im Druck erschienenen Schriften sämtlich zu verbrennen, unerfüllt bleibt, wenn das dem Feuer überantworte-

---

[27] Bernhard 1975, S. 86.
[28] Ebd., S. 85.
[29] Ebd.
[30] Ebd. (Die Übereinstimmung der Emendation des Pronomens „sie" im Zitat von Thomas Bernhard mit derjenigen im sinngemäß verwandten Aphorismus F 172 von Lichtenberg ist verblüffend und kann Zweifel an bloßer Zufälligkeit aufkommen lassen.)

te Werk vielmehr publiziert wird, weite Verbreitung findet und im Bewusstsein der literarischen Öffentlichkeit hohen Rang einnimmt, dann mögen skeptische Leser, denen der nicht vollstreckte letzte Wille ebenso bekannt ist wie das gemäß der Autorintention aus dem Nachlass zu tilgende Werk, sich fragen, ob die erstaunlichen Texte nicht eigentlich posthum erschlichenes Gut sind und ob es denn überhaupt redlich ist, sie zu rezipieren wie sonst geflissentlich edierte Arbeiten letzter Hand. Das unrevidierte literarische Testament Franz Kafkas –

„alles, was sonst an Geschriebenem von mir vorliegt (in Zeitschriften Gedrucktes, im Manuskript oder in Briefen) ausnahmslos, soweit es erreichbar und durch Bitten von den Adressaten zu erhalten ist [...] – alles dieses ist ausnahmslos zu verbrennen"[31]

– würde, wenn die endgültige Intention des Autors ein Maßstab ist, konsequenterweise die Absurdität nach sich ziehen, dass ein Leser dieser zum Brandopfer bestimmten Texte sie nun mittels der Lektüre, im Akt der Lektüre jeweils verbrennen soll. In der absurden Entschlossenheit, beim Lesen das Testament des Verfassers zu vollstrecken, ginge die Spannung von scheinbarem Gebotensein und offensichtlicher Unmöglichkeit dieses Ganzopfers – „alles [...] ausnahmslos zu verbrennen" – auf.

Wie Lichtenbergs wortspielerischer Aphorismus selbstverständlich keine fanatische Aufforderung zum Bücherhass, sondern eine gedankliche Zuspitzung des editionsspezifischen Gültigkeitsproblems ist, so ist Kafkas literarisches Testament nicht als wunderlicher Entsorgungsbefehl zu verstehen, sondern als poetologische Pointe in einem Werk, das auf vielerlei Ebenen vermeintliche Sicherheiten unterhöhlt. Wie Cervantes beim Verbrennungsgericht über die Bücher einen Geistlichen auftreten lässt, um zu sagen, dass in Wahrheit wohl nicht alle Bücher auf den Scheiterhaufen gehören, so relativiert Kafka selbst seinen letzten Willen, indem er ihn sozusagen auf „Sonstiges" beschränkt: „Von

---

[31] Heinz Politzer (Hg.): Das Kafka-Buch, Frankfurt a. M. 1965, S. 226.

allem, was ich geschrieben habe, gelten nur die Bücher: Urteil, Heizer, Verwandlung, Strafkolonie, Landarzt und die Erzählung: Hungerkünstler."[32] Und wie Thomas Bernhards Roithamer, die hyperkritische Verkörperung dessen, was Friedrich Schlegel die romantische „Selbstvernichtung" oder „permanente Parekbase"[33] genannt hat, die konsequente Tathandlung der Verbrennung aus letztlicher Gleichgültigkeit einfach unterlässt[34], so steht bei Kafka – im Sinne der Banalität des Faktischen – fest, dass der Holocaust an seinen Schriften nicht geschehen ist. Nicht also, weil der Autor es kraft seiner Autonomie gewollt hat, mag sich die Nötigung zur Vernichtung im bewussten Leseakt ergeben; sondern die Negation in der Rezeption ist der Spiegel des inneren Widerspruchs der literarischen Produktivität selbst. Die Nachlassverfügung eines Kafka lässt kein Wasser auf die Mühlen der „intentional fallacy" fließen. Sie ist vielmehr das Produkt der Widersprüchlichkeit und Spannung zwischen Selbstsetzung und Selbstzurücknahme im modernen literarischen Kunstwerk. Der auktoriale Selbstwiderspruch, der Aufstand des Schriftstellers gegen sein Werk hätte beim Leser im Selbstwiderspruch der Rezeption eine kongeniale Entsprechung. Eine Folge der konsequenten Annahme des Kafka-Testaments beim Lesen kann die Aushöhlung des Wohlergehens im Verstehen sein: eine Opferbereitschaft, die in der umfassenden Infragestellung von Rezeptionsgewohnheiten besteht.

---

[32] Politzer 1965, S. 226.
[33] Kritische Friedrich-Schlegel-Ausgabe, Bd. 18: Philosophische Lehrjahre, hg. v. Ernst Behler, Paderborn 1963, Nr. II, S. 668.
[34] Bernhard 1975, S. 86 f.: „Aber er ist nicht mehr dazu gekommen, die Studie zu verbrennen, wahrscheinlich war ihm die Studie plötzlich nicht mehr so wichtig gewesen."

III.

Nicht erst die an Provokationen reiche Zeit der älter werdenden Gegenwart kennt die Paradoxie, dass Literatur ihre eigene Infragestellung produziert. Doch zeichnet es deutlich die erschöpfte Moderne aus, dass in ihr eine gewisse Kulmination der selbstkritischen bis auto-destruktiven Potentiale nachzuweisen ist. Hierbei fällt besonders das ästhetisch Autonome im Habitus der Unterminierung der Literatur durch die Literatur auf, weshalb sich Dieter Wellershoff zum Beispiel nicht scheut, das Fazit zu ziehen: „Die literarische Entwicklung hat selber mit sich verschärfender Konsequenz den kritischen Punkt der möglichen Abdankung des Schriftstellers hervorgebracht."[35]

Modernität zeigt sich unter anderem in einem Kunstwollen zur Devastation, in Formen des bewussten Leerlaufs, in einer Literatur ohne Sujet, wie sie durch die Rezeption des russischen Formalismus etabliert wurde, in einer anti-prometheischen Ästhetik. Bei Samuel Beckett findet sich die klare Abgrenzung:

> „Daß Prometheus neunundzwanzigtausendneunhundertsiebzig Jahre, bevor er seine Schuld verbüßt hatte, erlöst wurde, davon wird mir gewiß weder heiß noch kalt. Denn zwischen mir und diesem Elenden […] gibt es, wie ich hoffe, nichts Gemeinsames."[36]

Schon Goethe hat eine moderne literarische Kunst des kreativen „Zero" prophezeit, ohne allerdings deren provozierende Ästhetik konsequent wahrzunehmen:

> „Es werden jetzt Produktionen möglich, die Null sind, ohne schlecht zu sein, Null, weil sie keinen Gehalt haben, nicht

---

[35] Dieter Wellershoff: Die Auflösung des Kunstbegriffs, Frankfurt a. M. 1976, S. 49.
[36] Samuel Beckett: Molloy. Malone stirbt. Der Namenlose, Frankfurt a. M. 1969, S. 402.

schlecht, weil eine allgemeine Form guter Muster den Verfassern vorschwebt."[37]

Dass aber eben die „allgemeine Form guter Muster" in Frage gestellt ist, kennzeichnet die Lage der modernen Kunst und begründet auch ihre sich selbst verwerfenden Neigungen. Von Cervantes' Warnung vor Virtualität und schönem Hirngespinst, also „solchen Dingen, wie er [Don Quijote] sie in seinen Büchern fand"[38] oder Shakespeares „And deeper than did ever plummet sound / I'll drown my book"[39] bis zu kokett printabstinenter Medienkultur oder beispielsweise Gion Mathias Caveltys Buch über „Die beste Methode, mit dem Lesen für immer aufzuhören"[40] gibt es die selbstironische und provozierende Position der Negativität in Angelegenheiten der Kultur und ihrer Vermittlungsweisen, der literarischen Kompetenz und des ästhetischen Zaubers, der Bildungs- und Gedankenwelt. Vom paulinischen „Ja, ich [...] achte es für Kot"[41] bis zu Becketts „Aber beenden wir unseren Gedanken, bevor wir darauf scheißen"[42] erscheint das Selbstdementi der Schriftgelehrsamkeit und der Reflexionskompetenz gerade des verfeinerten Hochgebildeten gerne auch drastisch oder vulgär. Was dabei den fäkalsprachlichen Topos betrifft, findet er sich bei Cavelty in umwerfender Verallgemeinerung: „In allen Büchern steht nur Scheiße. Es ist ganz egal, welches Buch Sie öffnen, in ihrem Inhalt unterscheiden sie sich nicht."[43]

---

[37] Goethe: Maximen und Reflexionen, Nr. 1006, in: Johann Wolfgang von Goethe: Werke, Hamburger Ausgabe, Band 12, Schriften zur Kunst und Literatur, Maximen und Reflexionen, München 1982, S. 506.
[38] Cervantes, S. 15.
[39] Shakespeare: The Tempest, V.1 (V. 56 f.).
[40] Gion Mathias Cavelty: Endlich Nichtleser. Die beste Methode, mit dem Lesen für immer aufzuhören, Frankfurt a. M. 2000.
[41] Phl 3,8.
[42] Beckett 1969, S. 447.
[43] Cavelty 2000, S. 106.

Der „bittere Wahn" des Schreibens – mit Beckett: „cette amère folie"[44], „that bitter folly"[45] – kehrt sich in Zeiten des allgegenwärtigen, in der heutigen Zeit von Servern und Festplatten kaum noch tilgbaren Geredes, Verlautens und Bekundens schließlich auch gegen sich selbst. George Steiner sagte: „Schweigen *ist* eine Alternative. Wenn die Worte in den Städten von Wildheiten und Lügen wimmeln, spricht nichts vernehmlicher, auffälliger, greller als das nichtgeschriebene Gedicht."[46] Das ist eine dialektische Alternative, deren Ernst beispielsweise auch von Stanisław Lem gesehen wird, wenn er betont, dass „die einzige wirklich konsequente Form des schriftstellerischen Aufstands gegen die der Literatur eigenen Dienste das Schweigen ist"[47]. Die Kunst, sagt Adorno, „muss gegen das sich wenden, was ihren eigenen Begriff ausmacht, und wird dadurch ungewiss bis in die innerste Fiber hinein."[48] Dabei begibt sich der Schreibende ins Spannungsverhältnis zwischen Sprechenmüssen und Schweigenmüssen, zudem ins Spannungsverhältnis zwischen beider Versagen, nicht zuletzt also in den permanenten Prozess der hochauflösenden Selbstbeobachtung und Selbstkritik, wie Beckett sie im „Namenlosen" fortschreibt: „Es wird das Schweigen sein, da wo ich bin, ich weiß nicht, ich werde es nie wissen, im Schweigen weiß man nicht, man muss weitermachen, ich werde weitermachen."[49]

Permanenter literarischer Revisionismus bedeutet, viele Tode des Schreibens zu sterben. Die Hoffnung auf anastatische auktoriale Kräfte kann dabei nicht garantiert und die Läuterung nicht präjudiziert werden. Prometheische Zweifel allerdings bewahren vor schöpferischem Übermut. Das ist der vorsichtig verallgemeinerte Sinn anti-literarischer Neigungen im Gebiet der Literatur.

---

[44] Samuel Beckett: L'innommable, Paris 1953, S. 20.
[45] Samuel Beckett: Molloy, Malone Dies, The Unnamable, London 1959, S. 303.
[46] George Steiner: Sprache und Schweigen, Frankfurt a. M. 1973, S. 117.
[47] Stanisław Lem: Die vollkommene Leere, Frankfurt a. M. 1981, S. 131.
[48] Theodor W. Adorno: Ästhetische Theorie, Frankfurt a. M. 1970, S. 10.
[49] Beckett 1969, S. 545 [Romanschluss].

Was übrig bleibt – Ansichten vom „Fragment der Fragmente"

„Literatur ist das Fragment der Fragmente; das wenigste dessen, was geschah und gesprochen worden, ward geschrieben, vom Geschriebenen ist das wenigste übrig geblieben."

(Goethe, „Maximen und Reflexionen", Nr. 910)

Hinsichtlich des Verhältnisses zwischen dem Fragment und dem Ganzen lassen sich drei wesentliche Aspekte unterscheiden. Ein Fragment kann historisch zunächst als Relikt gewesener Ganzheit betrachtet werden, eine Perspektive, die für den Torso zutrifft. Es ist in glücklichen Fällen möglich, Rückschlüsse auf die ursprüngliche ganze Gestalt zu ziehen. In anders gerichteter Perspektive kann das Fragment dagegen als Ansatz erwartbarer oder erhoffbarer Vollendung erscheinen. Diese Sichtweise wurde in der Romantik vertreten. Das Fragment hatte verheißende, zukunftsbezogene Potenz. Es galt als Form eines Anbruchs. Eine dritte Anschauung mag sich skeptisch problematisierend gegenüber der Alternative von Rückblick und Vorausschau verhalten und das Fragment vorrangig als Partikel eines allgemeinen, möglicherweise unversöhnlichen Zerbruchs auffassen. Solche Infragestellung fällt in der späteren Moderne auf, bei der Entdeckung des Zerfalls und der Reduktion, in der Trümmerliteratur, der Ästhetik der Skizze. Max Frisch hat sich hierzu im „Tagebuch 1946-1949" geäußert:

> „Der Hang zum Skizzenhaften, der unsere Malerei schon lange beherrscht, zeigt sich auch im Schrifttum nicht zum erstenmal; die Vorliebe für das Fragment, die Auflösung überlieferter Einheiten, die schmerzliche oder neckische Betonung des Unvollendeten, das alles hatte schon die Romantik [...]. Die Skizze hat eine Richtung, aber kein Ende; die Skizze als Ausdruck eines Weltbildes, das sich nicht mehr schließt oder noch nicht schließt."

Im Gedicht „Archaischer Torso Apollos" von 1908 fasst Rainer Maria Rilke die virtuelle Ganzheit der tatsächlich verstümmelten Figur als deren bleibende Ausstrahlung. Der „Torso glüht noch wie ein Kandelaber […] // Sonst stünde dieser Stein entstellt und kurz […] // und bräche nicht aus allen seinen Rändern / aus wie ein Stern." Die konzepthafte Gegenwärtigkeit des Ganzen überträgt sich auf den Betrachter als dessen künftige Inanspruchnahme. Der Einfluss des Gebrochenen und scheinbar Unvollkommenen besteht in seiner vollkommenen Wirkung, „denn da ist keine Stelle, / die dich nicht sieht. Du musst dein Leben ändern."

Die in Rilkes Gedicht beschworene Wirkung des Torsos auf den Betrachter betrifft nichts Vereinzeltes, sondern der Rezipient ist „ganzheitlich", existentiell herausgefordert. Seine emotionale Lage lässt sich als Angst des beobachteten Beobachters umschreiben. Das Zerbrochene zwingt zum Aufbruch. Die Verweisung vom Nicht-mehr einer vormaligen, archaischen Gestalt des Werks auf das Noch-nicht der lebendigen Veränderung beim späteren, nachgeborenen, modernen Betrachter ist der Appellcharakter des Fragments.

Meint Goethe mit dem Ausdruck „Fragment der Fragmente" eine ähnliche appellhafte Steigerung des Sinns? Goethe verwendet eine formelhafte sprachliche Figur wie in „summa summarum", „Poesie der Poesie" oder „Buch der Bücher". Diese Ausdrucksweise stellt eine Möglichkeit der Potenzierung bereit. Falls man sie auch im vorliegenden Zitat erkennt, kann sich ein erhebender Anspruch für die Theorie des Fragments ergeben. Die Literatur wäre dann nicht nur als allgemein fragmentarisch aufzufassen, sondern der ihr eigene Fragmentcharakter würde die realen Fragmentierungen in jeglicher Überlieferung noch auf die Spitze treiben. Goethes Polyptoton reizt zur Vermutung dieser Pointe.

Aber Goethe will nicht spekulieren. Die Eintragung, die der „potenzierenden" Formulierung in „Maximen und Reflexionen" folgt, konstatiert den „unpotenzierten" Sachverhalt: „Die Literatur ist von Haus aus fragmentarisch, sie enthält nur Denkmale des

menschlichen Geistes, insofern sie in Schriften verfaßt und zuletzt übriggeblieben sind."
 Was „zuletzt übriggeblieben" ist, bezeichnet eine Grenze der Produktivität unter den Bedingungen des Verfalls. Da diese Grenze sich im Verlauf der historischen Entwicklung fortlaufend verschiebt, ist jeder neue Bruch und Zerbruch in der literarischen Landschaft ein vereinzelter fragmentarischer Statthalter des universalen Fragmentarismus, des großen Stückwerks, das von den Menschen kommt, der „Kontinuität aus Lücken und Verlusten" (Gottfried Benn). Jedes Fragment ist der jeweilige Abbruch des ohnehin Unabgeschlossenen.
 Goethe sieht den Abbau, den Niedergang der Überlieferung in zwei Stufen. Handlungen und Reden – also humane Praxis und humaner Diskurs – werden in schriftlicher Form nur bruchstückhaft vermittelt, und der Bestand an erhaltenen Schriften ist immer lückenhaft: „das wenigste […] ward geschrieben, vom Geschriebenen ist das wenigste übrig geblieben." Aber Goethe verlangt keine Kompensation. Vielmehr macht er die Vermehrung – Fortführung und Wiederholung – literarischen Schaffens durch die Zeiten hindurch lächerlich in Hinsicht auf die dadurch erwiesene Beschränktheit des Menschen: „Und doch bei aller Unvollständigkeit des Literarwesens finden wir tausendfältige Wiederholung, woraus hervorgeht, wie beschränkt des Menschen Geist und Schicksal sei."
 Mit dem scheinbar potenzierten Fragmentarismus ist also die Redundanz gemeint und umschrieben, die Goethe der literarischen Tradition insgesamt unterstellt. In Anbetracht der humanen Schwäche wird die Unvollendung als „tausendfältige Wiederholung" freilich nicht vollends verspottet, sondern dem duldenden Verständnis anheimgestellt. Prozesshaftigkeit und Offenheit ergeben sich daraus als Konsequenzen. Was Thomas Mann im Felix-Krull-Fragment repräsentiert sah, lässt sich somit auch auf das zeitalterzehrende Wesen der Literatur überhaupt beziehen, die mit Goethe als „Fragment der Fragmente" erscheint:

„Es ist gar nicht auf ein Je-damit-Fertigwerden angelegt, man kann daran immer weiterschreiben, weiterfabulieren, es ist ein Gerüst, woran man alles Mögliche aufhängen kann, ein epischer Raum zur Unterbringung von allem, was einem einfällt und was das Leben einem zuträgt."

Wenn das Unfertige „alles Mögliche" ist, dann dominiert in der Universalität des Fragments die Dimension der Zukunft.

Die Umkehr des Negativs im Kopf des Betrachters

Die ästhetische Theorie einer Kunstform ist von deren technischen Voraussetzungen nicht abzulösen. Das zeigt sich vor allem unter historischem Blickwinkel. Die Malerei hat sich durch fotografische Verfahren und Wahrnehmungsweisen geändert, die Musik durch elektronische Weiterungen, das Theater durch filmische Projektionen und akustische Innovationen und die Literatur durch intermediale Strukturen.

In der Geschichte der Fotografie markiert die Erfindung des Negativs einen entscheidenden Schritt der technischen Fortentwicklung. 1835, zwei Jahre vor Beginn der Regentschaft Königin Viktorias, machte der englische Physiker und Chemiker William Henry Fox Talbot bei Experimenten zur Entwicklung fotografischer Abbildungen auf Chlorsilberpapier die historisch entscheidende Entdeckung. Er erkannte, dass auf dem von ihm verwendeten Fotopapier nach relativ kurzer Belichtungszeit ein „latentes Bild" entstand, das er als Negativ erhalten und fixieren konnte. Talbot verstand sehr bald, dass mit dem Negativ – im Unterschied zur Daguerrotypie – die Voraussetzung zur technischen Reproduzierbarkeit einer beliebigen Anzahl von Bildern geschaffen war. 1841 ließ er das Verfahren patentieren, 1843 begann er mit der Massenproduktion fotografischer Reproduktionen aufgrund des Negativverfahrens.[50]

---

[50] Vgl. Hubertus von Amelunxen: Die aufgehobene Zeit. Die Erfindung der Photographie durch William Henry Fox Talbot, Berlin 1988. (Zum ältesten überlieferten Negativ – Lacock Abbey, Erkerfenster – siehe Amelunxen, S. 27.) – Mittels der 1839 veröffentlichten Methode der „Daguerrotypie" machte ihr Erfinder Louis Jacques Mandé Daguerre versilberte Kupferplatten mit Jod lichtempfindlich, was aber den Nachteil mit sich brachte, dass nur Unikate hergestellt werden konnten. Bei Wilhelm Henry Fox Talbots Verfahren der „Talbotie" oder „Kalotypie" wird Silbernitratlösung und Kaliumjodid auf Papier aufgetragen. Dieses Kalotypiepapier wird anschließend in die Kamera eingesetzt und belichtet, wodurch ein Negativ entsteht, von dem sich mehrere Positive ziehen lassen.

Als während der 40er Jahre des neunzehnten Jahrhunderts die ersten Fotoateliers in den Städten aufkamen, war es von der Aufnahme eines Motivs bis zum fertigen Foto ein weiter Weg. In mehreren Schritten musste das Negativ als Glasplatte oder Film entwickelt werden, bis davon in nicht minder vielen Schritten des Belichtens, Entwickelns, Wässerns und Trocknens ein Positiv auf Papier abgezogen werden konnte. Was heute in großen Kopierlabors längst durch vollautomatische Entwicklungsanlagen geschieht, vollzogen in den frühen Jahren der Fotografie die Fotografen während ungezählter Stunden in ihren eigenen Dunkelkammern.

Im Diskurs über die Fotografie als einer mit der Malerei interferierenden Kunstform wird angenommen, dass ihr außer den ästhetischen Kennzeichen der Projektion und der exakten Zeitverhaftung die Dimension des Prozessualen eigentümlich sei, und zwar aufgrund der Negativ-Positiv-Relation als Bedingung der technischen Herstellung:

> „Die Photographie transferiert das Bild in das Stadium des Projektiven (als Licht-Bild), des Prozessualen (in der Relation von Negativ und Positiv) und des Temporalen (als erstes Zeit-Bild in der Geschichte der Bilder)."[51]

Sowohl für einzelne Kunstformen als auch für die Kunst überhaupt gilt, dass die komplexen ästhetischen Verhältnisse grundsätzlich von den Verfahrensprinzipien bei jedweder Realisation bestimmt

---

[51] „Während Daguerre der technischen Qualität des Einzelbildes den Vorzug gab, favorisierte Talbot in seinen ‚photogenischen Zeichnungen' die Vervielfältigung. Er ist der Erfinder des Negativ-Positiv-Verfahrens, das für den fotografischen Prozess fortan typisch ist. Es erlaubt, eine praktisch unbegrenzte Auflage von einem Negativ herzustellen, da sich dieses beim Kopieren nicht mechanisch abnutzt und auch aufbewahren lässt." (Gottfried Jäger: Bildgebende Fotografie. Ursprünge, Konzepte und Spezifika einer Kunstform, Köln 1988, S. 24.)
Carl Aigner: Das Bild ist ein anderes. Zur (un-)möglichen Interferenz von Photographie und Malerei, in: Unschärferelation. Fotografie als Dimension der Malerei, hg. v. Stephan Berg u.a., Ostfildern-Ruit 2000, S. 51.

werden. Schon ein so selbstverständlich erscheinender Begriff wie das Machen ist wesentlich assoziiert mit überlieferten Vorstellungen von Notwendigkeiten des Handwerks.

Das prozessuale Wesen des Umkehrverfahrens ist in der Ästhetik der Fotografie seit Talbots Erfindung fundamental. Es ist klar, dass dies mit der Beschaffenheit, der Wirkungsweise und der Quantität des Lichts zusammenhängt. Einer Darstellung durch Time-Life zufolge gehört es zu den „simplen Wahrheiten" der Photographie, „dass die Erhöhung der Lichtmenge, die den Film erreicht, eine proportionale Zunahme der Silberdichte eines Negativs verursacht."[52] Denn: „Ein Negativ entsteht, wenn Millionen belichteter Kristalle durch den Entwickler in metallisches Silber umgewandelt werden. Das Ergebnis ist die Wiedergabe dessen, was die Kamera gesehen hat."[53]

Das Umkehrverfahren, das zu den Voraussetzungen konventioneller Fotografiertechnik gehört, kann als Inbegriff eines essentiellen künstlerischen Geschehens angesehen werden. Die prozessuale Ästhetik, die der Fotografie seit Talbots Erfindung wesentlich ist, besteht im Prinzip der Wandlung aus negativer Perzeption (Wahrnehmung, Reizung, sensibler Aufnahme). Damit ist ein Merkmal der konventionellen Fotografiertechnik bezeichnet, das zugleich metaphorisch die auf Wandlung gerichtete Spannung von Kunst überhaupt zusammenfasst. An zwei Beispielen sei nachgewiesen, dass diese der Fotografiertechnik entlehnte Metapher der Kunst vor allem in der Moderne von paradigmatischer Relevanz ist.

Der Lyriker Reiner Kunze verwendet das Bild 1966 in einem Gedicht, das die Lage der Kunst unter den Bedingungen der Zensur thematisiert[54]:

---

[52] Redaktion der Time-Life Bücher: Licht und Film. Neu bearbeitete Ausgabe, Amsterdam 1982, S. 132.
[53] Ebd., S. 129.
[54] Reiner Kunze: Sensible Wege. Achtundvierzig Gedichte und ein Zyklus, Reinbek bei Hamburg 1976, S. 37. – 1960 machte Kunze sich über die Favorisierung negativer Gesinnung lustig mit dem reaktionär erscheinenden Gedicht „Das Ende der Kunst", worin es heißt: „Du darfst nicht, sagte

Von der Notwendigkeit der Zensur

Retuschierbar ist
alles
Nur
das negativ nicht
in uns

Aber es geht nicht ausschließlich um Zensur. Vielmehr verfasst der Autor in wenigen Worten eine verallgemeinerbare Apologie der negativen Wahrnehmung, eine defensive Ästhetik der Verneinung. Man kann sich dabei an Erich Kästners in Versform ausgedrückte Stellungnahme zu diesem Problem aus dem Jahre 1930 erinnert fühlen. Als ihm der Sachverhalt der Negativität von Dichtung persönlich vorgehalten wurde, verteidigte er sich gegen den erhobenen Vorwurf, indem er gleichsam mit trotzigem Achselzucken reagierte: „‚Herr Kästner, wo bleibt das Positive?' / Ja, weiß der Teufel, wo das bleibt."[55] Kästner gab die Frage nach dem Positiven an seine Leser zurück und ließ sie verstehen, dass die von Machtwahn angetriebenen Verächter des Negativen und Kritischen längst begonnen hatten, das Positive zu kassieren.

Das Bild in Reiner Kunzes Gedicht, das die neinsagerischen und gegenbildlichen Wahrnehmungen im Dichter und Künstler reflektiert, ist wörtlich der Sprache der Fotografiertechnik entlehnt, wobei die weiterhin abzuleitenden bzw. zu ergänzenden Begriffe des entsprechenden Wortfelds ebenfalls den künstlerischen Prozess beschreiben: Ein „Negativ" ist dasjenige, das der „Entwicklung"

---

die eule zum auerhahn, / du darfst nicht die sonne besingen. / […] // Der auerhahn nahm / die sonne aus seinem gedicht // […] // Und es war schön finster" (Kunze 1976, S. 14). Kunze stellte damit die Standardisierung der nicht mehr schönen Künste in der Moderne in Frage, indem er so tat, als ob deren unausgesprochenes Anliegen eine Ästhetik der Verfinsterung wäre. Sechs Jahre später jedoch versteht er die negative Sicht als Voraussetzung für „unretuschierbare" Treue zur Wahrheit.

[55] Rudolf Walter Leonhardt (Hrsg.): Kästner für Erwachsene, Frankfurt a. M. 1966, S. 74.

harrt, der „Umkehrung" ins „Positiv". Das „Aufnehmen" (die Wahrnehmung, die Sensibilität, die ästhetische Kompetenz) bezieht sich auf reale oder imaginative Wirklichkeiten und deren „Lichtverhältnisse" in wörtlich-optischer oder übertragen-sinnerhellender Bedeutung.
Kunzes Metapher ist auf rein sachlicher Ebene allerdings von irreführender Ausschließlichkeit. Das Missverständnis würde im Verkennen der Tatsache liegen, dass es die Negativretouche, auch als „Ausflecken" bezeichnet, gibt. Man nennt so das Korrigieren von Bildern direkt auf der Schicht eines Negativs.

„Ein Jahrzehnt, nachdem Fox Talbots Negativ-Positiv-Verfahren […] die Daguerreotypie […] nach und nach in den Hintergrund gedrängt hatte, erfand ein deutscher Fotograf die erste Methode zur Retuschierung von Negativen. Seine beiden Versionen ein- und desselben Porträts – die eine retuschiert, die andere nicht – versetzte die Besucher der Pariser *Exposition Universelle* von 1855 […] in Erstaunen."[56]

Die Negativretouche ist besonders auf Großformaten mit mattierter Oberfläche möglich und vor allem in der Porträtfotografie geläufig. Der Erfinder der Negativretouche war der Münchner Fotograf Franz Hanfstaengl (1804-1877).

Aber auch wenn der Handel chemische „Negative Retoucher" ebenso wie Mittel der Coloration und der Gesichtsretouche zum Kaschieren von Gesichtsfalten anbietet, ergibt sich daraus kein Einwand gegen das grundsätzliche Sinnpotential des zitierten Gedichts von Reiner Kunze. Das fotografische Negativ als Metapher der Wahrheit der Kunst fasst den Widerstand gegen Bestechlichkeit, Verlogenheit und ideologische Vereinnahmung zusammen – im Prinzip also auch die Kritik an einer Fotoästhetik der Schmeichelei oder Lüge.[57] Eine interpretationsbezogene Frage, die sich

---

[56] Susan Sontag: Über Fotografie, Frankfurt a. M. 1980, S. 85.
[57] Susan Sontag schließt an die soeben zitierte Darstellung die Bemerkung (ebd.) an: „Die Nachricht, dass die Kamera lügen könne, sorgte dafür, dass es sehr viel populärer wurde, sich fotografieren zu lassen."

aus der Negativ-Metapher ergibt, lautet freilich: Wer oder was ist das „Umkehrlabor" der imaginativen Wahrnehmung – der Künstler selbst oder der Rezipient und seine von ihm zu verantwortende Sichtweise und Deutung? Wenn Kunst, wie eine kritische Ästhetik sagt, die „Negative" macht, dann sind die Köpfe der Betrachter die Umkehrlabors.

In seinem französischen Gedicht „Rue de Vaugirard"[58] entlehnt Samuel Beckett der konventionellen Fotografiertechnik ebenfalls die kunsttheoretisch zu verstehende Negativ-Metapher.[59] Das Gedicht lautet:

Rue de Vaugirard

à mi-hauteur
je débraye et béant de candeur
expose la plaque aux lumières et aux ombres
puis repars fortifié
d'un négatif irrécusable

Auf halber Höhe
kupple ich mich aus, gebe, in aufklaffender Arglosigkeit,
die Fotoplatte den Lichtern und den Schatten preis
und beschreite den Rückweg, gerüstet
mit einem stichhaltigen Negativ.[60]

Die Zeilen nehmen ihren Ausgangspunkt von einem fotografischen Schnappschuss, wobei der Titel des Gedichts den Ort des Gesche

---

[58] Samuel Beckett: Collected Poems in English and French, London 1977, S. 47.
[59] Zur folgenden Interpretation vgl. Henner Laass: Exploration of the Non-Feasible: Syntactic Ambiguity in Some Poems of Samuel Beckett, in: Roland Hagenbüchle u. Joseph T. Swann (eds.), Poetic Knowledge. Circumference and Centre. Papers from the Wuppertal Symposium 1978, Bonn 1980, S. 100-113; ferner: Henner Laass u. Wolfgang Schröder: Samuel Beckett, München 1984, S. 27 f.
[60] Eigene Übersetzung aus dem Französischen. Vgl. auch die Übersetzung von Elmar Tophoven in: Samuel Beckett, Gedichte, Wiesbaden 1959, S. 73. Tophoven übersetzt „négatif irrécusable" mit „unabweisbares Negativ".

hens in Paris konkretisiert.[61] Das Gedicht macht den Akt der Erinnerung zum Gegenstand der Reflexion, insofern es anhand des Vorgangs der technisch reproduzierbaren Wahrnehmung die Frage nach dem Verhältnis von sinnlicher Erfahrung und ihrer Wiedergabe aufwirft. Wie eine geöffnete Linse mit vorher unbelichtetem Film dahinter, erscheint das Ich als ein empfindlicher Ort der Unbefangenheit, mit weit geöffneten Augen, bereit, alles festzuhalten, was die Umgebung auf die Bildplatte des Geistes und des Gemüts bannen kann.[62] Aber das Resultat ist ein Negativ – unabweislich, zweifelsfrei, unanfechtbar, unbestreitbar, stichhaltig.[63] Der Text nennt „Lichter" und „Schatten", ohne dass ihre sprachliche Konfiguration je ein „positives" Bild der „Wirklichkeit" wird darstellen können. Das Kunstwerk bringt einzig als „Negativ", das der „Entwicklung" harrt, etwas zur Erscheinung, und der Augenblick einer „Belichtung", die beschworen wird, ist die Voraussetzung dafür, dass auch der imaginäre Prozess jedes künftigen Rezipienten eine eigene Wirklichkeit hervorbringen kann.

Zwei moderne Schriftsteller – Reiner Kunze und Samuel Beckett – stellen also die Essenz des Verhältnisses zwischen dem Ich, das für ästhetische Erfahrung empfänglich ist, und der Wirklichkeit, die das sensible Ich umgibt, durch die gleiche Negativ-Metapher dar. Beide sprechen, um die wesentliche Differenz zwi-

---

[61] Beckett hat in einem Hotel in der Rue de Vaugirard und später in einer Wohnung in der Nähe dieser Straße gewohnt.

[62] Formuliert in Anlehnung an Lawrence Harvey: Samuel Beckett: Poet and Critic. Princeton 1970, S. 149: „Like an open shutter with virginal film behind it, the neutral narrator is the picture of wide-eyed innocence, ready to report objectively whatever the scene impresses on the ‚plague' of his mind and heart."

[63] In Bezug auf die Rezeption hat Wolfgang Iser während der siebziger Jahre des vorigen Jahrhunderts wiederholt die „Qualität der Negation" als „Ermöglichungsstruktur" beschrieben. Das Sinnangebot, das im Sinndefizit dämmert, weist einen Weg der Sinninterpretation als „Aufforderung […], das Positive anderswo als im Umkreis des Negierten zu suchen" (Wolfgang Iser nach Kenneth Burke in: Hans Mayer und Uwe Johnson: Das Werk von Samuel Beckett. Berliner Colloquium, Frankfurt a. M. 1975, S. 54).

schen der Kunst und der Welt der Gegebenheiten und des Sichtbaren in ein prägnantes Bild zu fassen, von der Analogie zum Umkehrverfahren der Fotografie.

Der Gedanke, dass die Bilder der Welt als Dokumente der negativen Wahrnehmung dessen, was ist, zu würdigen sind, entspricht den Kunstwerken und ihrer kritischen Theorie.[64] Dieser Sachverhalt spiegelt sich in folgendem, leicht spektakulären Beispiel wider: Als im Jahre 1991 der amerikanische Fotograf Brett Weston zur Feier seines 80. Geburtstag nahezu alle im Laufe seines Lebens von ihm gemachten Negative verbrennt, fotografiert ein anderer, der Experimentalfotograf John Loengard, die übrig gebliebene Asche und publiziert das Foto als Schlussbild seines Bandes „Celebrating the Negative".[65] Das Buch präsentiert lauter Negative. Eins davon zeigt Menschen in Buchenwald, die durch den Stacheldrahtzaun schauen. Wenn dieses Negativ als Sinnbild der Hoffnung erscheint, dann verweist sein ästhetischer Effekt auf die Essenz des hier gemeinten Umkehrprinzips im Bereich der Imagination. Ein Negativ kann das utopische Bewusstsein fördern. Es strahlt Transzendenz aus.

Von Platons Höhlengleichnis bis zu Adelbert von Chamissos Märchennovelle „Peter Schlemihl's wundersame Geschichte" (1814) und darüber hinaus beispielsweise bis zu Peter Weiss' Mikro-Roman „Der Schatten des Körpers des Kutschers" (1960) reicht die Tradition der Auffassung, dass die Konturen von Schatten, also „natürlichen Negativen" zu den oft schwierigen, tückischen Voraussetzungen und faszinierenden, da nicht immer selbstverständlichen Bedingungen von Wahrnehmung (Ästhetik) und Erkenntnis

---

[64] Adorno bemerkt über die Ästhetik: „Ihr Gegenstand bestimmt sich als unbestimmbar, negativ." (Theodor W. Adorno: Ästhetische Theorie, Frankfurt a. M. 1970, S. 113.) – Über weitere Zusammenhänge zwischen literarischer und fotografischer Ästhetik vgl. Rolf H. Krauss: Photographie und Literatur. Zur photographischen Wahrnehmung in der deutschsprachigen Literatur des neunzehnten Jahrhunderts, Stuttgart 2000.

[65] John Loengard: Celebrating the Negative, New York 1994; Tucson, Arizona 2008.

gehören. Wie Peter Schlemihl mit seinem Schatten, den er in einem diabolischen Handel verkauft, die gesellschaftlichen Bindungen verliert, so hätte eine Kunst, die den Schatten der Negativität ablegte, der Gesellschaft nichts mehr zu sagen. In religiösen Darstellungen ist das Negativ ein Mittel, um den Respekt vor dem Bildnisverbot zu manifestieren. In künstlerischen Widerspiegelungen des Lebens Jesu geschieht dies oft durch bildtechnisch motivierte und zugleich sinnhafte Auslassungen der körperlichen Gestalt des Heilands.[66]

Bei der Beschreibung und Auswertung seiner physiognomischen Skizzen von 1772 verfuhr auch Johann Caspar Lavater nach einer Umkehrmethode, die er selbst in die Aussage fasste, er „gehe erst den negativen oder Exclusionsweg, dann den positiven".[67] Lavater führte dabei die negativen Interpretationen seiner Charakter- und Typen-Porträts so weit, dass er schließlich vor dem Nichts zu stehen schien, wenn ihm keine weiteren negativen Bestimmungen mehr einfielen, und er erklärte: „nichts, nun fehlen mir Worte zu mehrern *nichts*".[68] Die möglichen Negativbildungen sind zahlreich, aber gleichwohl begrenzt. Da sich jedes Negativum auf etwas Positives bezieht, um es zu verneinen, gewinnt die Wahrnehmung sowohl an Bestimmtheit als auch an Widerspruchsfülle, falls die Differenziertheit der bezeichnenden Sprache den gedanklich-anschaulichen Umkehrungen zu entsprechen vermag. Bilder allein sind nicht genug, sondern die Ergiebigkeit des Denkens auf dem negativen Weg setzt längere Begriffsfolgen voraus:

---

[66] Hierbei wird die leibliche Präsenz beispielsweise ersetzt durch die Darstellung eines Schattens, den der Körper wirft, wofür das Bild „Der leuchtende Schatten" (o. J.) von Sieger Köder ein geeigneter Beleg ist. Man kann darin sozusagen eine Dämmerung des Positiven aus dem Negativen erkennen. Das Dämmern besitzt die wesentliche Kraft, zum Strahlen zu werden.

[67] Johann Caspar Lavater: Von der Physiognomik und Hundert physiognomische Regeln. Mit zahlreichen Abbildungen. Hg. u. mit einem Nachwort v. Karl Riha u. Carsten Zelle, Frankfurt a. M. 1991, S. 46.

[68] Ebd., S. 54.

„Ich sehe also, daß ich mir allererst noch einen größern Vorrat von nüancirten Wörtern erwerbe, daß ich eine reichere Sprache haben muß."[69] Erst so führe der „Ausschließungsweg"[70] durch die Negative – „meine *nicht dies, nicht jenes*"[71] – zu den charakteristischen Treffern, die „für das Bildniß passen."[72]
Negative sind unerlässliche Stufen im Prozess der Wahrnehmung. Sie dienen der Motiv- und Bildrealisierung in formaler und verstehenstechnischer Hinsicht. Das Phänomen fotografischer Negative findet vielfältige Entsprechungen im Bereich von Malerei und Grafik, aber auch im Denken und in der Sprache. Der Dichter John Keats prägte für die Bereitschaft, sich negativer Wahrnehmung zu öffnen, den Ausdruck „Negative Capability".[73]

Schatten können wesentliche Züge einer nicht unmittelbar sichtbaren Gestalt als Negativumriss zeichnen. Silhouetten sind flächige Aussparungen, die sich konturscharf vom Hintergrund abheben und dadurch Positiv-Negativ-Effekte erzeugen.[74] Druckvorlagen aus Holz oder Stein sind besonders zu präparierende Negative mit dem Merkmal der Seitenverkehrung. Die bildende Kunst kennt Negativtechniken im Spiel mit Vorder- und Hintergrundillusionen, um Sehgewohnheiten zu nutzen oder zu ironisieren. Durch die erschwerte Entscheidung über Vorder- und Hintergrund erhalten „Kippbilder" ihre meistens verblüffende Wirkung. In der Sprache sind Affirmationen auch durch Negationen formulierbar – „nicht schlecht" beispielsweise. Negatives Denken ist offenbar ein produktiver dialektischer Weg des Erkennens, negatives Sehen eine wichtige Voraussetzung klaren Wahrnehmens. Schatten verweisen, dialektisch, aufs Licht. Silhouetten

---

[69] Lavater 1991, S.54.
[70] Ebd., S. 55.
[71] Ebd.
[72] Ebd.
[73] Brief an seine Brüder vom 21. Dezember 1817, in: Robert Gittings (Hg.): The Letters of John Keats. A Selection, Oxford 1970, S. 43.
[74] Vgl. Katalog zur Ausstellung im Kunstbau Lenbachhaus 2001 „Schattenrisse, Silhouetten und Cutouts", hg. v. Helmut Friedel, München 2001.

indizieren seine Präsenz, geben Kontur. Die negative Wahrnehmung ist nicht leer, sondern als ästhetische Differenz interpretierbar. Sie ermöglicht Verfremdung.

Das fotografische Negativ kann, wie die hier genannten Beispiele und zur Diskussion gestellten Überlegungen zeigen sollen, als Paradigma der Kunst und des Prozesses künstlerischer Erfahrung betrachtet werden. Die Negativ-Metapher gewinnt ihre Bedeutung aus der Analogie des technischen Umkehrprinzips zum Wahrnehmungswandel, den die Ästhetik thematisiert – deutlich und explizit bei Reiner Kunze, Samuel Beckett oder John Loengard.

Man wird sehen, ob und wie die neuen Techniken des digitalen Bildaufbaus[75] andere Metaphern fördern, aus denen sich Wahrnehmungsvorgänge (ästhetische Prozesse) erhellen, neue Kehrbegriffe, Konzepte der Auflösung, Differenz und Wandlung in der pan-ikonisch anmutenden Welt der Gegenwart. Ob „Megapixel" (als Metapher der Zusammengehörigkeit von Sensibilität und Präzision), „Auslöseverzögerung" (als Metapher der Spannung von Sein und Zeit) oder „A/D-Wandler" (als Metapher potenzierter Reproduzierbarkeit) zu den Kandidaten für eine neue Metaphorik[76] gehören? Was wird man zukünftig als das Besondere der Digitalfotografie betrachten? Vielleicht ist es statt des „latenten Bildes" die „latente Bildlöschung", die Möglichkeit „negativer Produktivität", Fotos gegebenenfalls unausgedruckt zu lassen, sie – ohne jenes Verbrennungsopfer, das Brett Weston an seinen Negativen inszenierte – wegzuklicken.

---

[75] Vgl. hierzu Jens Schröter: Eine kurze Geschichte der digitalen Fotografie, in: Verwandlungen durch Licht. Fotografieren in Museen & Archiven & Bibliotheken, Esslingen 2001 (Rundbrief Fotografie, Sonderheft 6), S. 249-257. Siehe zum Vergleich auch bei Michel Frizot: Neue Geschichte der Fotografie, Köln 1994.

[76] Die Sprache transportiert Metaphern von einer Epoche zur anderen. Die technischen Metaphern werden dadurch bald anachronistisch. Botho Strauß fasst diesen Befund, den er bedauert, in die Bemerkung: „Wer mag schon einen Chip zum Gleichnis nehmen? Und doch gehörte es sich." (Botho Strauß: Beginnlosigkeit. Reflexionen über Fleck und Linie, München 1992, S. 92.)

II. Teil

Von den Metaphern-Brücken der Künste

„Ich finde es sehr wichtig [...], Erscheinungen, sagen wir, der Gegenwartsmusik, der Gegenwartsmalerei, der Literatur miteinander zu vergleichen. Ich glaube, daß das der wahre Einstieg wäre. [...] Ich interessiere mich viel mehr für Malerei als für Literatur. Ich bin wahrscheinlich auch viel mehr durch Malerei beeinflußt worden als durch Literatur in meiner Jugend. Das kommt mir manchmal hoch, wenn ich so an Museumsbesuche denke, an architektonische Erlebnisse, hier in diesen schönen alten, grauen romanischen Kirchen. Das finden Sie alles wieder in den Büchern. Und den ersten Picasso, den ich bewußt gesehen habe, so als Sechzehnjähriger, als der noch nicht aus dem Museum raus war – [...]. Deshalb interessieren mich die kompositorischen Dinge so sehr."

(Heinrich Böll in: Manfred Durzak, Gespräche über den Roman. Formbestimmungen und Analysen, Frankfurt a. M. 1976, S. 150 f.)

Heinrich Böll spricht von einer Kultur der Vielfalt, deren „Erscheinungen" einander produktiv beeinflussen und ergänzen. Was hinsichtlich struktureller Voraussetzungen oder formaler Techniken verschieden ist, wird vergleichbar in Bezug auf „die kompositorischen Dinge": reflektierte Gestaltung, gegenwartsbezogene Formsprache, entwickelte Strukturabsichten. Auffällig ist dabei die sehr persönliche Akzentuierung des Aufspürens prägender Wirkungen auf das eigene Werk. Die Rede ist von der Erinnerung an bedeutende Kunstwahrnehmungen (erlebte Malerei, sakrale Architektur), von Interesse, von Präferenz.

Es gibt in der Kunst unzählige Beispiele wechselseitiger Beeinflussung, formaler Anregung, gestalterischer Bezugnahme. Einige seien erwähnt. Nach der biblischen Blindensturz-Parabel (Mt 15,12-14) gestaltet Pieter Brueghel d. Ä. das Gemälde „Der Blindensturz" (1568); nach Brueghels Werk schreibt Gisbert Kranz das darauf bezogene textgraphische Gedicht „Der Blindensturz"

(1986), schreibt Gert Hofmann den Roman „Der Blindensturz" (1985), verfasst Elias Canetti ein Kapitel zur Bildbeschreibung des Gemäldes in seiner Autobiographie „Die Fackel im Ohr" (1980). Dem Bild „Guernica" von Pablo Picasso (Weltausstellung Paris 1936) stellt Paul Éluard sein Gedicht „La victoire de Guernica" gegenüber. Rainer Maria Rilke erkennt seit 1914 eine Art innerer Affinität zu Picasso, empfiehlt in diesem Jahr Hertha Koenig, Picassos „Die Gaukler" zu erwerben, bezieht sich in der fünften der „Duineser Elegien" (1922) auf dieses Bild, bezeichnet sich selbst einmal als „Wächter am Picasso", ist sicherlich eine persönliche Ursache für Hertha Koenigs Gedicht „Die Seiltänzer von Picasso" (1931) und verfasst im übrigen Gedichte auf Gemälde von Leonardo da Vinci, El Greco und anderen.

Unter den Aspekten von Metamorphose und Dekonstruktion, von Gegenbildlichkeit, Dialogstruktur, Intermedialität, Anspielungsironie usw. wandeln sich die Formen und bereichern einander die Konzepte des Erkennens, Verstehens und Wahrnehmens. Die Künste belegen immer wieder die Lust am Überschreiten der Gattungsgrenzen. Hierzu zählen vor allem die synästhetischen und universalpoetischen Absichten der Romantik. Nicht nur Gedichte werden zu Kunstliedern vertont, sondern Wissenschaft und Kunst, Mathematik und Fantasie, Philosophie und Artistik durchdringen einander seither. Samuel Beckett zum Beispiel lässt 1964 mit Buster Keaton einen philosophischen Lehrsatz George Berkeleys („esse est percipi") verfilmen, indem er ihn wörtlich als cinematographische Spielregel nimmt, oder er unterlegt mathematische (zum Beispiel geometrische) Postulate der Dramaturgie seiner Stücke und der permutativen Komposition seiner Romane.

Bei wechselseitigen Relationen kann man in ästhetischer Hinsicht von Spiegelverhältnissen sprechen, in denen sich die Aufmerksamkeit auf Besonderheiten der Wahrnehmung richtet und sie in der rückkoppelnden Reflexion potenziert. Zirkuläres Erklären und Verstehen ist beim Vergleichen der „kompositorischen Dinge" nicht ausgeschlossen, sondern liegt im Wesen der Imagination und der imaginierten Sachverhalte. So redet man etwa in Bezug auf die Musik von „Klangfarben" und in Bezug auf die Malerei von „Farbklängen"; oder es wird gesagt, dass ein Gedicht auffällig musikalisch (zum Beispiel sehr melodiös) erscheine, während man von einem Musikstück sagt, es sei recht lyrisch und spreche zu den Hörenden. Hier werden offenbar Metaphernbrücken gebaut, die das imaginative Denken hin und her leiten.

Im Begriff der „Dialogizität" bei Michail M. Bachtin (1895-1975) wie schon in Oskar Walzels Formel von der „wechselseitigen Erhellung der Künste" aus dem Jahre 1917 kann bis heute ein Prinzip erkannt werden, das sowohl in analytischer und interpretierender Perspektive als auch in Bezug auf kreative und gestalterische Absichten von vielseitiger Relevanz ist. Musik verarbeitet visuelle Vorlagen (Modest Mussorgskys „Bilder einer Ausstellung"; Paul Hindemiths „Mathis der Maler") oder bedient sich des lauthaften, des nicht-semantischen wie des semantischen Sprachmaterials (Karlheinz Stockhausen, Mauricio Kagel, John Cage u.a); Dichtung wiederum bedient sich musikalischer Formen (Gesang, Lied, Rondo, Tanz, Suite usw.) und bezieht sich noch in der äußersten Verfremdung auf feste Kompositionsstrukturen (zum Beispiel in Kurt Schwitters' „Ursonate" oder Paul Celans „Todesfuge"). Ein weniger bekanntes Beispiel bietet der Komponist Andreas Grün, der 1991 unter dem Titel „Da es aber nicht so ist" (einer Zitat-Anspielung auf Franz Kafkas Parabel „Auf der Galerie") fünf Sätze für Streichquartett erarbeitet, in denen er Kafkas Erzählmethode in Musik zu übertragen versucht. Auch die Pädagogik nutzt die Effekte ästhetischer Grenzüberschreitung, etwa in spielerischen Lernverfahren der freien Assoziation von Formen, Farben oder Worten beim Hören von Klängen; und in der literarischen Didaktik gelten das Umerzählen, das Weitererzählen, das Erzählen nach visuellen Vorlagen usw. als ergiebige Methoden.

Mediale Mehrdimensionalität ist konventionell gebräuchlich in vielen überlieferten und modernen Formen der ästhetischen Präsentation, angefangen wohl bei kultischen Ritualen, sodann zum

Beispiel in Mysterienspielen, auch etwa beim Bänkelgesang, schließlich im Film, heute auf Multivisionswänden, in Stadien, bei performativen Ereignissen. Der Begriff des „Gesamtkunstwerks" – in der Romantik entstanden, als Terminus erstmals von Eusebius Trahndorff und dann von Richard Wagner verwendet, der ihn als das „gemeinsame Werk der Menschen der Zukunft" definiert – kann als Inbegriff hochgespannter Erwartungen an die dialektische Vereinigung unterschiedlicher Gestaltungsweisen, Formgesetze, ästhetischer Prinzipien und integrativer Intentionen (nicht zuletzt in gesellschaftlicher Hinsicht) begriffen werden.

Böll bezieht sich im Gespräch jedoch auf keine totalisierende Programmatik, sondern er merkt im Ton vertrauensvoller Enthüllung eine individuell empfundene Besonderheit – sein Interesse an „kompositorischen" Sachverhalten, wie sie in der Malerei evident sind – an. Das „Eingeständnis" einer Affinität zu der anderen Kunstgattung ist kein Zeugnis von Dilettantismus, sondern entschiedener Ausdruck von Formbewusstsein. Hierbei ist sowohl die Beobachtung zu machen, dass von prinzipienhaftem „Formalismus" ganz und gar keine Rede ist, als auch auf die Selbstverständlichkeit hinzuweisen, dass der Literat denjenigen Gewinn an Gestalt meint, welcher der literarischen Substanz zugute kommt: „Das finden Sie alles wieder in den Büchern."

Böll hebt die Verschiedenheit der „Erscheinungen" der Kunstgattungen hervor und empfiehlt, die gegebenen Eigentümlichkeiten „miteinander zu vergleichen". Indem er von individuell erlebten Prägungen spricht, spielt er nicht nur auf die Möglichkeit der Komparatistik an, sondern setzt auch das Phänomen und den Nutzen gattungsübergreifender Ausstrahlung voraus. Es geht weder um Totalisierung noch um den Wettstreit der Künste, sondern um lebendige und animierende Impulse. Wenn beobachtet wird, dass die Künstler durch ihre Arbeiten einander wechselseitig beeinflussen, dann ist dies eine Wahrnehmung dessen, dass eine produktive Besonderheit eine andere produktive Besonderheit hervorruft, dass kompositorisches Gelingen des einen zum kompositorischen Beginnen des anderen veranlasst, dass Neues zu Neuerung auffordert, dass Geschaffenes das Phänomen des Schaffens fortzeugt. So führt – von Fall zu Fall – Kunst zur Kunst.

Tarnkappe für das Kunstwerk?

„Ich bin weit davon entfernt, darin einen Fehler zu sehen, daß Sie nicht einen waschechten sozialistischen Roman geschrieben haben, einen Tendenzroman, wie wir Deutschen es nennen, um die sozialen und politischen Anschauungen des Autors zu verherrlichen. Das habe ich keineswegs gemeint. Je mehr die Ansichten des Autors verborgen bleiben, desto besser für das Kunstwerk."

(Friedrich Engels, Brief an Miss Harkness, April 1888)

Die Vermittlung sogenannter Realität durch die Kunst ist kein selbstverständlicher Vorgang. Die vielfältigen Weisen der Nachahmung, Widerspiegelung, Brechung, Verzerrung, Verfremdung, Erhellung, Projektion usw. sind im Laufe der Geschichte immer wieder neu durchdacht, revolutioniert und verfeinert worden. Die geschmacksbildenden Intentionen bzw. Effekte haben beunruhigt oder – nicht selten – Ratlosigkeit hinterlassen. So ist auch die Vermittlung von Erkenntnis durch die Kunst kein selbstverständlicher Vorgang.

Als Platon die Kunst an den Erkenntnisansprüchen seiner Philosophie maß, musste er sie drittklassig finden, weil er sie für abbildhaft hielt. Die wirklichen Dinge erschienen ihm als Schatten der Ideen, die Abbilder somit als Schatten von Schatten. Aristoteles ließ diesen Verfinsterungsverdacht nicht gelten und fand, dass die Kunst, statt Abbilder bzw. Abbilder von Abbildern zu schaffen, vielmehr vom Möglichen und Wahrscheinlichen handelt. Damit war ein Durchbruch geleistet, der bis in die heutige Zeit hinein bedeutsam und von Nutzen ist.

Ein Anwendungsgebiet „probabilistischer" Anschauung kann zum Beispiel in der Science Fiction und der Reflexion ihrer Möglichkeiten und Grenzen gesehen werden. Utopische und alternative Welten stehen in jeweils definierbarem Verhältnis zur historischen oder zeitgenössischen Realität. Es hat Sinn, Fiktionen als Anwendungen des Möglichkeitsdenkens mit Mitteln der Projektion zu verstehen. Futurologische Szenarios sind „hochgerechnete" Bilder der sich entfaltenden Gegenwart, motiviert von Erwartungen oder – bei Dystopien – von Befürchtungen und Ängsten.

Ein Erzähler, der narrative Zukunftsmusik macht, hebt sich von der Gegenwart ab, indem er deren Möglichkeiten und Wahrscheinlichkeiten erwägt und unter Umständen sehr weit vorausgreift. Er wird aber sein Material aus der Gegenwart, die er kennt, oder aus der Vergangenheit, die ihm vertraut ist, nehmen, um es zu verändern. Indem er hier ansetzt, ist er im Begriff, die Gegenwart zu transzendieren. Auch ein Erzähler, der „nur" die Gegenwart darstellt, setzt sich mit ihr auseinander, das heißt er transzendiert sie. Dieser Transzendierungsvorgang ereignet sich – sei es in revolutionären Dimensionen, sei es in raffinierten Details – bei der gestalterischen Auseinandersetzung mit dem Material der Erlebnisse, Erinnerungen, Situationen, Haltungen, Entwicklungen, Vorstellungen usw. Unter gestalterischer Auseinandersetzung kann das jeweilige Ermessen der erforderlichen Abweichungen vom Gegebenen verstanden werden. In allgemeiner Hinsicht ist mit der Abweichung durch künstlerische Gestaltung der Abzug vom Natürlichen gemeint, den Arno Holz in der Formel fasste:

„Kunst = Natur – x".

Kunst ist also die Arbeit an der sogenannten ästhetischen Differenz, das heißt an der Wahrnehmung der möglichen Abstände zu dem, was ist und geschieht. Diese Wahrnehmung kann kritisch genannt werden. Die kritische Haltung lebt in der gestalterischen Auseinandersetzung. Sie ist selten affirmativ, sondern neigt eher zur Negation, zieht Vertrautes ab, enttäuscht, lässt wohlweislich zu wünschen offen, macht gern Verlustanzeige: „minus x". Ein affirmatives Gegenbild solcher Haltung wäre eine Ästhetik des „Plus", der Überhöhung oder der ideologischen Beigabe.

Als Überfremdung oder jedenfalls als bedenkliche Überlastung ästhetischer Ansprüche mit explizit affirmativer Neigung konnten im Falle des sozialistischen Realismus die Forderungen der Tendenz und der Parteilichkeit betrachtet werden. Beide Forderungen hatte Friedrich Engels freilich schon im Brief an Minna Kautsky vom 26. November 1885 entschieden eingeschränkt, indem er schrieb:

„Ich bin keineswegs ein Gegner der Tendenzpoesie als solcher. [...] Aber ich meine, die Tendenz muß aus der Situation und Handlung selbst hervorspringen, ohne daß ausdrücklich darauf hingewiesen wird, und der Dichter ist nicht genötigt, die geschichtliche zukünftige Lösung der gesellschaftlichen Konflikte, die er schildert, dem Leser an die Hand zu geben."

Es sei zur Aufklärung der bürgerlichen Leserschaft erstrebenswert und auch genug, wenn der Dichter

„durch treue Schilderung der wirklichen Verhältnisse die darüber herrschenden konventionellen Illusionen zerreißt, den Optimismus der bürgerlichen Welt erschüttert, den Zweifel an der ewigen Gültigkeit des Bestehenden unvermeidlich macht, auch ohne selbst direkt eine Lösung zu bieten, ja, unter Umständen, ohne selbst Partei ostensibel zu ergreifen."

Im Brief an Miss Harkness vom April 1888 spricht Engels sich überhaupt gegen Weltanschauungs- oder Meinungsbekundungen im literarischen Werk aus. Der Satz: „Je mehr die Ansichten des Autors verborgen bleiben, desto besser für das Kunstwerk" bringt das Desiderat ästhetischer Qualität und die Haltung der Meinungsverschwiegenheit in einen unmittelbaren Zusammenhang.

In radikalisierter Form wird dieses Verständnis der Kunst durch James Joyce verkörpert, bei dem sich das Diktum findet:

„Der Künstler, wie der Gott der Schöpfung, bleibt in oder hinter oder jenseits oder über dem Werk seiner Hände, unsichtbar, aus der Existenz hinaussublimiert, gleichgültig, und maniküirt sich die Fingernägel."

Nachdem ein Gustave Flaubert die Prinzipien der Unpersönlichkeit, Teilnahmslosigkeit und Unparteilichkeit für die literarische

Geschmacksbildung bereitgestellt und den Roman zu einem den wissenschaftlichen Methoden angenäherten Werkzeug gemacht hatte, sah James Joyce den Künstler nicht mehr als jemanden an, der die bestehende Welt abbildet, sondern als jemanden, der wie ein Baumeister eine neue schafft. In Zeiten politischer Bedrängnis ist eine Ästhetik der Tendenzlosigkeit suspekt. So äußerte sich beispielsweise Erich Mühsam in den späten 20er Jahren im Kontext von Gedanken über die öffentliche Wirkung des Rundfunks: „Es gibt keine tendenzlose Kunst, keine tendenzlose Wissenschaft – es gibt überhaupt keine Tendenzlosigkeit." Bei Alfred Kerr war zu lesen: „Die Welt ist für tendenzlose Kunst nicht reif [...]. Die Kunst um der Kunst willen ist jetzo nicht das wichtigste Ding der Welt." 2002 erinnerte Okwui Enwezor durch die documenta 11 wieder daran, dass es engagierte Kunst als Beitrag zur Analyse und zur Beseitigung gesellschaftlicher Missstände gibt.

Dabei lässt sich der Hinweis von Friedrich Engels, es sei nicht nötig, dass ein Autor „ostensibel" seine Parteinahme bekunde, damit begründen, dass durch die „treue Schilderung der wirklichen Verhältnisse" das Mögliche und das Wahrscheinliche zutage treten und somit „Tendenzen", das heißt produktive Prinzipien sichtbar werden. Auch könnten programmatische Projektionen aus der ideologischen Höhe, vom Ideenhimmel der Theorie herab keine wesentliche Erhellung im Rahmen des Kunstwerks selbst garantieren. Lehrhafte „Ansichten" – mahnende Postulate der Betroffenheit beispielsweise – sind oft noch entfernt von einer Ästhetik der Anschauung des Potentials der Zustände oder der Defizite der Verhältnisse und einer unverfügbaren Wahrnehmung, die „Illusionen zerreißt".

„Immer irgendwo Gewitter" – Aspekte der Gleichzeitigkeit

Widerspruchsvolle Verhältnisse

Goethes Faust, von einem „Zeichen", einem Strukturdiagramm inspiriert, welches die makrokosmische Harmonik in der Form von Analogien der Weltbereiche abbildet, beschwört die universale Logistik der „Himmelkräfte", die „auf und nieder steigen / Und sich die goldnen Eimer reichen".[77] Damit ist die unerschöpfliche Bewegtheit der Natur gemeint, die sich gleichwohl in beständiger Ausgewogenheit befindet. Von dem „Zeichen" – einem graphischen Konstrukt zur visuellen Verdeutlichung der Ganzheit – scheint die synoptische Offenbarung einer Struktur auszugehen.[78] Was man hier die Erwartung kosmologischer Schau durch ein modellhaftes bildliches Gerüst nennen könnte, lässt sich im heutigen Kontext globalen Denkens mit der Erwartung einer Funktionsgewissheit weltweiter simultaner Vernetzung vergleichen. Gleichzeitigkeit soll im Zeitalter technologischer Optimierungen zunehmend von Angeboten der Daten- und Bildverarbeitung unterstützt werden.

In den widerspruchsvollen Verhältnissen der Moderne wie auch in ihren multiplen Texturen wird das seit der Renaissance weiträumig gedachte, „konkurrierende" Nebeneinander als Prinzip facettenreicher Simultaneität erfahrbar. Gustave Flaubert, die Filmsprache des Simultanschnitts vorwegnehmend, zeigt im Roman „Madame Bovary" (1856) die permanente Bewegtheit von Simultansensationen am Beispiel einer Landwirtschaftsmesse. Dort geschehen die öffentlichen Auftritte der ökonomisch erschlossenen

---

[77] Goethe, Faust I, V. 449 f., in: Johann Wolfgang von Goethe: Werke, Hamburger Ausgabe, Band 3, Dramatische Dichtungen I, München 1982, S. 22.

[78] Die Strukturoffenbarung entspringt nicht dem Seienden selbst. (Vgl. Erich Trunz: Anmerkungen, in: Johann Wolfgang von Goethe, Werke, Hamburger Ausgabe, Band 3, München 1982, S. 500-502.)

Welt nach dem Einheits-Motto der Wiederholung und der Redundanz: „Das nahm kein Ende und fing immer wieder von vorne an."[79] Dieser leicht ironische Erzähler-Kommentar weist darauf hin, dass aus skeptischer Sicht wohl zu fragen wäre, ob das Phänomen der Simultaneität einen sinnerfüllten Horizont eröffnet oder vielmehr eine geradezu überfordernde Zumutung darstellt.

Es gibt die Simultaneität in der Natur, in der planetarischen, kosmischen Realität, es gibt auch die Simultaneität in der Gesellschaft, in den sozialen Strukturen, und es gibt die Simultaneität im Denken, in den systematischen, pragmatischen und transzendentalen Konzepten. Allgemein sei unter Gleichzeitigkeit die Anschauungsform verstanden, durch welche die Imagination sich Geschehnisse oder andauernde Zustände parallel vergegenwärtigt. Indem wir hierbei, was den Zeitbegriff im Konzept der Gleichzeitigkeit betrifft, zwar nach kausalen Zusammenhängen der zeitförmigen Prozesse fragen mögen, wir uns aber skeptischermaßen die Kausalität nur als Annahme denken, können wir für parallele Vorgänge, deren kausaler Konnex nicht gegeben oder nicht ersichtlich ist, auf den Begriff der Nebenläufigkeit zurückgreifen. Für die Ästhetik, die reflektierte Wahrnehmung von Simultaneität ist aber die strenge Unterscheidung zwischen dem Gleichzeitigen und dem Nebenläufigen nicht jedes Mal relevant. Simultaneität manifestiert sich sowohl durch gleichzeitiges, interdependentes als auch durch „bloß paralleles", nebenläufiges Geschehen.

Gleichzeitigkeit und Nebenläufigkeit ergänzen sich zu den Voraussetzungen des vielfältigen Interpretationspotentials der Dichtung. Man kann von polyphoner Literatur sprechen, da die literarischen Schreibweisen und Darstellungsformen der Simultaneität nicht nur übergreifende Formen bilden, sondern die Dialogizität gesprochener und geschriebener Sprache, also das Zusammenklingen verschiedener Stimmen und Diskurse im Werk produktiv machen. Polyphone Struktur und polyphone Wirkung

---

[79] Gustave Flaubert: Madame Bovary, München 1970, S. 174.

sind intertextuell oft weitgespannt und im Rezeptionsbezug offen, so dass sich hohe Grade der Polyvalenz ergeben. Die visuelle Gleichzeitigkeit verschiedener Elemente und Formmerkmale ist in der Moderne wesentlich, nicht erst seit den „Visioni simultanee" des futistischen Malers Umberto Boccioni.[80] Deutlich sind in der Musik, im sinfonischen Prinzip, die kompositorischen Techniken der Gleichzeitigkeit unabdingbar.[81] Besonders einprägsam sind Formgebungen, in welchen sowohl die ästhetischen als auch die pragmatischen Vorteile visueller Simultaneität genutzt werden. So ist darauf hinzuweisen, dass zur literarischen Kultur auch bewährte Formen der nebeneinanderstellenden Textverarbeitung und Textedition gehören: Bibelsynopsen, Paralleldrucke und interlineare Übersetzungen. Mit synchronen Daten und Hinweisen auf Gleichzeitigkeiten arbeitet auch die Geschichtsschreibung.

Den sich vermehrenden Ansätzen zu strukturellem Weltverstehen im Zeitalter globaler Gesellschaftsprozesse entspricht die beschleunigte Tendenz zur Simultaneisierung des Wahrnehmens. Das Sukzessive des historischen Fortschritts geht im synchronischen Nebeneinander weltweiter Arbeitsteilung auf, der multiplen Gegenwart antwortet eine „neue Ästhetik der Verkopplung gleichzeitig auftretender Wahrnehmungen"[82], die Imagination überlässt sich dem Wandel vom Sukzessiven zum Simultanen, vom Nacheinander zum Nebeneinander, vom Diachronischen zum Synchronischen auch eingedenk der Grenzen der Expansion im Geiste.

---

[80] Umberto Boccioni: Visioni simultanee (Simultanvisionen), um 1912, Öl auf Leinwand, 60,5 × 60,5 cm, Von der Heydt-Museum, Wuppertal. Über die „Gleichzeitigkeit der Atmosphäre" und das „Ineinanderübergreifen der Einzelheiten" vgl. Umberto Boccioni: Les exposants au Public, in: Les peintres Futuristes Italiens, Ausstellungskatalog Galerie Bernheim-Jeune, Paris, 5.-24. Februar 1912 (Florenz 1978).
[81] Hans Heinz Stuckenschmidt: Musik des 20. Jahrhunderts, München 1979 (Kapitel „Gleichzeitigkeit", S. 71-89).
[82] Ebd., S. 71.

In den folgenden Ausführungen wird auf Postulate der Gleichzeitigkeit eingegangen, welche zum Beispiel bei Hermann Broch und Karl Gutzkow zur Sprache kommen, und auf Motive der Gleichzeitigkeit, die wir etwa bei Stanisław Lem und Samuel Beckett finden. Ferner werden Besonderheiten einer Schreibweise der verfremdenden Nebenläufigkeit bei Max Frisch und Arundhati Roy beobachtet und Indizien einer Simultaneität des Niedergangs, der Auflösung, der Panik angeführt. Von Aspekten der Ironie der Gleichzeitigkeit kann man bei David Lodge sprechen. Das Verhältnis von Simultaneität und Sukzessivität erfährt besondere Berücksichtigung, wobei vor allem die Möglichkeiten und Grenzen einer Überwindung des Nacheinanders durch Formen des Nebeneinanders skizziert werden. Obwohl dem Simultaneitätsprinzip der Impuls zur Überformung des bloß Sukzessiven innewohnt, verliert das Stilmittel der Aufzählung nicht seine Relevanz, sondern die Literatur nutzt die Vorteile der Enumeration, der Reihung und Häufung für Darstellungen von Fülle oder Ganzheit.

Planetarische Ausmaße der Gleichzeitigkeit

Eingedenk planetarischer Gleichzeitigkeit drängt sich Staunen ins Bewusstsein. Stanisław Lem, der sich in der Science-Fiction-Momentaufnahme „Eine Minute der Menschheit" (1983) – der fiktiven Rezension eines erdachten Werks mit eben diesem Titel[83] – den Bedingungen für die Möglichkeit eines Querschnitts durch alles Leben auf der Erde widmet, sagt es so: „Es ist eigentlich sonderbar, sich vorzustellen, daß auf der Erde immer irgendwo Gewitter toben und die Zahl der einschlagenden Blitze konstant ist: 6000 pro Minute."[84]

Die Vorstellung ist „sonderbar", weil die mit dem Ausdruck „immer irgendwo" gemeinte Streuung nach Zeit und Ort die unbe-

---

[83] Stanisław Lem: Eine Minute der Menschheit. Eine Momentaufnahme, Frankfurt a. M. 1983.
[84] Ebd., S. 59.

rechenbare Permanenz der gleichzeitigen Energie-Entladungen vermittelt, die Imagination aber ins Offene der unverfügbaren Möglichkeiten weist. Das Simultanbewusstsein des Menschen ist offenbar schwach, und die Kapazitäten einer Synopse aller Gleichzeitigkeiten scheinen schnell erschöpft zu sein. Deshalb, sagt Lem,

„denken wir im allgemeinen nicht daran, dass auf der Erde in jedem Augenblick alle Jahreszeiten, alle Klimata, alle Tages- und Nachstunden gleichzeitig existieren. Diese Binsenwahrheit [...] lebt irgendwie außerhalb unseres Bewußtseins. Vielleicht deshalb, weil wir nicht wissen, was wir mit dieser Wahrheit anfangen sollen."[85]

Simultaneität ist insofern eine ambivalente Anschauungsform, als sie Kohärenz, übergreifenden Halt bedeuten kann und dennoch beunruhigt und irritiert.

Als ominöses Phänomen gestaltet Theodor Fontane die Gleichzeitigkeit des Nahen und Fernen am Anfang des Romans „Der Stechlin". Dort lesen wir über den See Stechlin „hart an der mecklenburgischen Grenze":

„Alles still hier. Und doch, von Zeit zu Zeit wird es [...] lebendig. Das ist, wenn es weit draußen in der Welt, sei's auf Island, sei's auf Java zu rollen und zu grollen beginnt oder gar der Aschenregen der hawaiischen Vulkane bis weit auf die Südsee hinausgetrieben wird. Dann regt sich's auch *hier,* und ein Wasserstrahl springt auf und sinkt wieder in die Tiefe."[86]

Beide Autoren, der poetische Realist Theodor Fontane und der transzendentale Fantast Stanisław Lem, sind bemüht, Gleichzeitigkeit in planetarischem Umfang zu thematisieren. Der See Stechlin in Fontanes Roman ist, wie Max Rychner sagt, „ein Sinnbild dafür, daß jeder Punkt der Welt mit jedem anderen geheimnisvoll in Beziehung steht und Wirkungen aussendet. Was in dieses Natursym-

---

[85] Lem 1983, S. 19 f.
[86] Theodor Fontane: Der Stechlin, Berlin 1899, S. 3.

bol gefasst ist, gilt erst recht für die menschliche Gesellschaft."[87] Aber die Teile der Welt scheinen nicht im einfachen, beruhigenden Sinne „miteinander verständigt"[88] zu sein, sondern auf bedrohliche Weise miteinander verstrickt. Dies spricht aus dem Fortgang des begonnenen Zitats:

> „Das wissen alle, die den Stechlin umwohnen, und wenn sie davon sprechen, so setzen sie wohl auch hinzu: ‚Das mit dem Wasserstrahl, das ist nur das Kleine, das beinah Alltägliche; wenn's aber draußen was Großes gibt, wie vor hundert Jahren in Lissabon, dann brodelt's hier nicht bloß und sprudelt und strudelt, dann steigt statt des Wasserstrahls ein roter Hahn auf und kräht laut in die Lande hinein.'"[89]

Das Ferne liegt letztlich nicht „irgendwie außerhalb" des Bewusstseins, sondern eine apokalyptische Konnotation prägt die durchaus weiträumig orientierte Einbildungskraft der Menschen, denen die „weit draußen in der Welt" sich regenden Kräfte zu denken geben. Gleichzeitigkeit fasziniert, rührt an die letzten Dinge, birgt Rätsel.

Konzert des Lebens in erzählender Prosa

In den Texten der Dichtung, also in einer synthetischen Welt der Beziehungen und Strukturen, gehört Simultaneität zu den Voraussetzungen komplexen Verstehens.[90] Unter den modernen Romanen

---

[87] Max Rychner: Theodor Fontane. Der Stechlin, in: Deutsche Romane von Grimmelshausen bis Musil, Interpretationen, hg. v. Jost Schillemeit, Frankfurt a. M. 1966, Bd. 3, S. 227.
[88] Ebd.
[89] Fontane 1899, S. 3 f.
[90] Die epische Literatur, worin sich Lebenswege und Weltaufbau widerspiegeln, kennt viele synchrone Geschichten. Zu verweisen wäre etwa auf das Zugleich von Vorder- und Hintergrundhandlung in Joseph von Eichendorffs „Aus dem Leben eines Taugenichts" (1826), auf die „Parallelaktion" in „Der Mann ohne Eigenschaften" (1921 ff.) von Robert Musil, auf die Thematik des Hin und Her zwischen Leben und Tod in der autobiographischen Kriegserzählung „Der Wanderer zwischen beiden Welten"

kann „Ulysses" von James Joyce als herausragendes Paradigma einer Schreibweise des Simultanen gelten. Damit ist nicht nur gemeint, dass der Autor eine parallel verlaufende Zeitspanne von vierundzwanzig Stunden im Leben zweier Personen – Leopold Bloom und Stephen Dedalus – darstellt. Vielmehr geht es, wie Hermann Broch gesagt hat, „um die Gleichzeitigkeit der unendlichen Facettierungsmöglichkeit des Symbolhaften."[91] Dies bewirkt, worauf eine Bemerkung von E. R. Curtius hinweist, zugleich eine gewisse Überforderung der Einbildungskraft und der Dekodierungsarbeit des Lesers: „Um den *Ulysses* wirklich zu verstehen, müßte man das ganze Werk bei jedem Satz im Bewußtsein gegenwärtig haben – was an das Unmögliche grenzt."[92]

Den Blick auf die Gleichzeitigkeit der realen gesellschaftlichen und historischen Phänomene postulierte der Romancier Karl Gutzkow. Er prägte 1850 den Begriff „Roman des Nebeneinander".[93] Darunter verstand er ein poetisches Format, durch welches die Aufmerksamkeit und Vorstellungskraft – er wählte hierfür das Wort „Einblick"[94] – dem großen Spektrum des Daseins und der fortgeschrittenen gesellschaftlichen Pluralität, den „hundert sich kaum berührenden und doch von einem einzigen großen Puls-

---

(1916) von Walter Flex, auf Gottfried Benns Zusammenfassung zweier Selbstdarstellungen unter dem Titel „Doppelleben" (1950), schließlich auf den Band „Simultan" (1972), die letzte Publikation der Ingeborg Bachmann, worin die Titelgeschichte sich auf die synchronische Vielfalt der Sprachen bezieht. In unserer Zeit hat sich Daniel Kehlmann mit „Die Vermessung der Welt" (2005) und „Ruhm. Ein Roman in neun Geschichten" (2009) als Virtuose der Simultaneität erwiesen.

[91] Hermann Broch zit. bei Jürgen Schramke: Zur Theorie des modernen Romans, München 1974, S. 134.

[92] Ernst Robert Curtius: James Joyce und sein Ulysses, in: Ders.: Kritische Essays zur europäischen Literatur, Bern 1954, S. 313; zit bei Schramke 1974, S. 134.

[93] Karl Gutzkow: Vorwort zu Die Ritter vom Geiste. Roman in neun Büchern [1850], in: Hartmut Steinecke (Hg.): Theorie und Technik des Romans im 19. Jahrhundert, Tübingen 1970, S. 42-44; Karl Gutzkow: Vom deutschen Parnaß [1854], in: Steinecke 1970, S. 44-45.

[94] Gutzkow: Vom deutschen Parnaß, in: Steinecke 1970, S. 45.

schlag des Lebens ergriffenen Existenzen"[95] gerecht werde. Gutzkow war der Ansicht, dass im „Roman des Nebeneinander" eine Zusammenschau der Begebenheiten entsteht, worin „das nebeneinander existierende Leben von hundert Kammern und Kämmerchen, wo eine von der andern keine Kenntnis hat, doch zu einer überschauten Einheit sichtbar wird."[96] Diese Sichtweise sei neu:

„Der Roman von früher, ich spreche nicht verachtend, sondern bewundernd, stellt das *Nacheinander* kunstvoll verschlungener Begebenheiten dar. O, diese prächtigen Romane mit ihrer klassischen Unglaubwürdigkeit! [...] Nein, der neue Roman ist der Roman des *Nebeneinander*. Da liegt die ganze Welt – !"[97]

Der Romancier verglich das Darstellen gleichzeitiger Vorgänge mit „Durchschnittszeichnungen eines Bergwerks, eines Kriegsschiffs, einer Fabrik".[98] Gutzkow wollte durch die postulierte Simultansicht nicht bloß auf die Fülle der Wirklichkeit in ihrem phänomenalen Umfang oder, wie er sagte, auf die „äußere Welt", die „durch Künstlerhand allein nicht zu ändern" sei,[99] verweisen, sondern vielmehr auf ein Simultaneitätsbewusstsein, auf ein Offen- und Freiwerden der Imagination für die vielfältige Gegenwart. Dabei räumte er Beschränkungen ein:

„Diese Allseitigkeit war nun mein Ziel. Ich sage nicht, daß ich ein Panorama unserer Zeit geben wollte. Wer vermöchte das? Die Aufgabe wäre nicht zu lösen, und anmaßend klänge es, wollte sich jemand ihrer anheischig machen."[100]

---

[95] Gutzkow: Vom deutschen Parnaß, in: Steinecke 1970, S. 45.
[96] Ebd., S. 44 f.
[97] Gutzkow: Vorwort, in: Steinecke 1970, S. 42 f.
[98] Gutzkow: Vom Deutschen Parnaß, in: Steinecke 1970, S. 44.
[99] Gutzkow: Vorwort, in: Steinecke 1970, S. 44.
[100] Ebd. – Während Gutzkow selber sich also der Idee eines „Panorama"-Romans gegenüber distanziert äußert, versucht Karl Rosenkranz 1852 die Intention Gutzkows auf „Allseitigkeit" als vermessen abzutun. Er behauptet, dass Gutzkow „aus der Vogelperspektive das Nebeneinander eines allseitigen Weltbildes" (Rosenkranz, zit. bei Steinecke 1970, S. 50) aufstellen

Aber von der ästhetischen Strukturierung, der Wahrnehmung, „Anschauung"[101] wird größtmögliche synoptische Vielfalt erwartet. Darin liegt nicht zuletzt auch eine Erwartung von Gerechtigkeit, das heißt eines umfassenden – hierarchiefreien, demokratischen[102] – Blicks, für den das Verborgene, Absente ebenso relevant ist wie das Offensichtliche und Präsente: „auch der Abwesende spielt mit." [103] Es geschieht „immer irgendwo" etwas Besonderes, etwas Wesentliches, etwas Turbulentes. Die Sicht solidarischen Nebeneinanders der Menschen lässt sich mit einer Zeile aus Hugo von Hofmannsthals Gedicht „Manche freilich ..." (1896) umschreiben: „Viele Geschicke weben neben dem meinen."[104] Eingedenk ko-existenter unerkannter Schicksale erweitert sich das Simultanbewusstsein.

---

wolle: „Welche Eitelkeit und welche Selbsttäuschung! [...] Als ob sein Panorama der Gegenwart der Succession entbehren könnte! Als ob die poetische Totalität in einer encyclopädischen Vollständigkeit läge! Als ob die Poesie nach der Elle des empirischen Reichtums sich abmesse!" Der Kritiker trägt 1852 diese „empiristische" Unterstellung vor, obwohl es bei Gutzkow schon 1850 die zitierte Klarstellung gibt, welche der „Panorama"-Vorstellung widerspricht. Später betont Gutzkow noch einmal, dass er weniger einen „enzyklopädischen", sondern vielmehr einen poetischen, einen ästhetischen Ansatz verfolgt. Er deutet nicht auf empirische Expansion des Stoffes, sondern auf ein Kompositionsprinzip hin. (Gutzkow. Vom deutschen Parnaß, in: Steinecke 1970, S. 45.)

[101] Ebd.
[102] Gutzkow erkannte im romanhaften Nebeneinander das „demokratische Prinzip" (Karl Gutzkow: Die Ritter vom Geiste, zit. bei Hartmut Steinecke: Romantheorie und Romankritik in Deutschland, Band 1, Stuttgart 1975, S. 223). Steinecke umschreibt diesen Sachverhalt, indem er erläutert: „Wenn alles nebeneinandergestellt wird, fallen die Höhenunterschiede fort, nicht zuletzt die Unterschiede der Stände." (Ebd.)
[103] Gutzkow: Vorwort, in: Steinecke 1970, S. 43.
[104] Vgl. z.B. Reinhold Grimm: Bange Botschaft. Zum Verständnis von Hofmannsthals „Manche freilich...", in: Harald Hartung (Hg.): Gedichte und Interpretationen, Band 5. Vom Naturalismus bis zur Jahrhundertmitte, Stuttgart 1983, S. 34-42.

Labiles Nebeneinander

Die Betrachtung des Fortwirkens gleichzeitiger Geschicke wird auch die Wahrnehmung gleichzeitigen Scheiterns zu umfassen haben. Das Nebeneinander im Niedergang stellt zum Beispiel Josef Pelz von Felinau in der 1930 erschienenen „Original"-Fassung seines „Titanic"-Romans dar.[105] Mit expressiven erzählerischen Mitteln erschafft der Autor vor den Augen der Leser eine apokalyptische Querschnittszeichnung der gleichzeitigen Katastrophenschauplätze auf den Decks, in den Salons, Kabinen, Maschinenräumen, Vorratskammern, Tanzsälen des sinkenden und mit elementarer Gewalt alles auf einmal in den Schlund ziehenden Ozeanriesen.

Bilder der Gleichzeitigkeit des Unheils sind Gegenbilder des globalen Zusammenhangs.[106] Sie offenbaren die Hinfälligkeit sozialer, mentaler und technisch-technologischer Konstrukte. Ihr Appell, ihr aufklärender Impuls setzt sich perspektivisch im Blick des Zweifels am Ganzen fort. Statt forscher Mehrspurigkeit nimmt der skeptische Sinn die nahen und fernen Irritationen, das Brüchige in parallelen Geschicken, das labile Nebeneinander wahr.

„Skizze eines Unglücks" nennt Max Frisch einen Text im „Tagebuch 1966-1971", worin er die Erfahrung multipler Gegenwart aus skeptischer Sicht widerspiegelt.[107] Die filmschnittartig gestaltete Erzählung handelt von einer Autoreise mit tödlichem Ende und wird für den Leser simultan mit der Nachricht von der Mondlandung im Juli 1969 in Beziehung gesetzt. Frisch durchformt die Chronologie der Aufzeichnungen, um eine Art Mehrstimmigkeit entstehen zu lassen, die unter anderem durch Zäsuren und variable

---

[105] Josef Pelz von Felinau: Titanic, Frankfurt a. M. 1998.
[106] Vgl. z.B. A. Wilde: Das Buch Hiob. Eingeleitet, übersetzt und erläutert von A. Wilde und A. Dewilde, Leiden u. Boston (MA) 1997 über „die Totalität des Unheils [...], die Gleichzeitigkeit der Katastrophen" (ebd., S. 92).
[107] Max Frisch: Skizze eines Unglücks, in: Tagebuch 1966-1971, Frankfurt a. M. 1972, S. 229-252 u. S. 257-258.

Schrifttypen evoziert wird. Diese Darstellungsweise vermag die Aufdringlichkeit des Sensationellen zugunsten sensiblerer Simultanperzeptionen zu „relativieren". So gestaltet der Autor verschiedene Eintragungen vom Juli 1969 insofern deutlich parallel, als die Linien der Narration und Reflexion eine Synopse großer und kleiner Schritte und dubioser Ankünfte skizzieren, deren Perspektivpunkt in der Notiz besteht:

„21. 7. 1969
Landung auf dem Mond (Armstrong und Aldrin)."[108]

Voll feiner Ironie erscheint die Weltsensation als datierte Nebenläufigkeit in einem Textarrangement über den Eskapismus.[109] Indem Frisch dieses Textelement neben anderen in die „Skizze eines Unglücks" integriert, verfremdet er das große Ereignis zur nebenläufigen Banalität, zum bloßen Parallelfall der vielen gelingenden oder missglückenden, auffälligen oder unauffälligen Landungen im Alltag.

Die Mondlandungsnotiz wird von weiteren Paralleltexten tangiert. Dazu gehört unter anderem eine Zusammenfassung des Tags der Wahl zum deutschen Bundespräsidenten drei Wochen zuvor im deutschen Fernsehen[110] sowie ein mit „Dankbarkeiten" überschriebener Reflexionstext.[111] Schließlich gibt Frisch der Nachricht von der Ankunft des Menschen auf dem Mond weitere, heterogen erscheinende Kurzberichte bei:[112] über einen „Hund, der von Calabrien [...] in neun Wochen nach Turin läuft", über ein Mädchen, dessen Flucht vor einer Vergewaltigung in eine andere Vergewaltigung mündet, über eine ältere Dame, die dem Verfasser des Tagebuchs mit unklaren Alltagssorgen nachsetzt, und über eine Katze

---

[108] Frisch 1972, S. 256.
[109] Zum Themenkomplex „Mondfahrt und Eskapismus" vgl. auch Friedrich Dürrenmatt: Die vier Verführungen des Menschen durch den Himmel, in: Werkausgabe in 30 Bänden, Band 27, Zürich 1980, S. 26-32.
[110] Frisch 1972, S. 253.
[111] Ebd., S. 253-256.
[112] Ebd., S. 256.

im Haushalt des Autors, die ein soeben geworfenes Junges gefressen habe. Dann erst folgt der zweite Teil der „Skizze eines Unglücks". Die Reise mit Unfall am Schluss erscheint als Gegenbild zum astronautischen Manöver. Die Skizze zum Thema „Dankbarkeit" verknüpft der Leser ebenso wie die ehrgeizigen Politikeraussagen zum Erreichten am Wahltag mit dem bekannten menschheitsrelevanten Schritt auf den Erdtrabanten. Der letzte Satz der Unglücksskizze weist ins Nichts: „Er schwimmt hinaus, solange die Kräfte reichen, und sie reichen so weit, bis man kein Land mehr sieht."[113] So bildet sich – parallel zur Mondlandungsnotiz und zusammen mit ihr – ein Simultanbild von inneren und äußeren „Auswegen", von Motiven des Entkommens und Ankommenwollens, eine mehrstimmige Komposition des Fliehens, eine Fuge.[114]

Durch Abstand kann Nebenläufiges zum Fremden, Anderen werden. Dabei vermutete Unglaubwürdigkeit wäre etwa aus selbstbefangenen Motiven erklärlich. Wenn eine nebenläufige Parallelwelt als vage „Andersheit" erscheint, da vielleicht sinnvoll wahrzunehmende Bezüge verborgen bleiben, mag es auch geschehen, dass Fremdes der Gleichgültigkeit anheimfällt, unerkannt bleibt und sich die *Präsenz* des Simultanen durch mangelnde Perzeption in *Absenz* verwandelt.

Die Ironie der Nebenläufigkeit bei offensichtlichem Voreingenommensein des Beobachters offenbart sich durch eine der Personen des Romans „Der Gott der kleinen Dinge" von Arundhati Roy

---

[113] Frisch 1972, S. 257 f.
[114] An anderer Stelle sagt Frisch mit Bezug auf das Zeitunglesen: „Unruhen […], Explosionen […], Bomben […]; dazwischen Sportberichte […]; dazwischen Erfreuliches auch […]: und Leserbriefe: ein Gewimmel von unvermuteten Maden […]. Ich habe Angst. Ja. Manchmal habe ich Angst." (Max Frisch: Öffentlichkeit als Partner. Frankfurt a. M. 1967, S. 82.) Die Gleichzeitigkeit des Heterogenen provoziert das Erleben existentieller Grundbefindlichkeit: Angst als Modus der Wahrnehmung von „Gewimmel", von „unvermuteten", aber vielleicht umso mehr zu fürchtenden Gleichzeitigkeiten.

im postkolonialen Indien.[115] Kochu Maria „begegnete den Versionen der Welt, die andere Leute hatten, mit Mißtrauen. Meistens hielt sie sie für einen willentlichen Affront gegen ihre mangelnde Bildung und (frühere) Leichtgläubigkeit. In einer entschlossenen Umkehrung der ihr innewohnenden Natur glaubte Kochu Maria jetzt prinzipiell kaum noch, was ihr irgend jemand erzählte."[116] Über den Bericht beispielsweise,

> „dass ein amerikanischer Astronaut namens Edwin Armstrong auf dem Mond spazierengegangen war, hatte sie sarkastisch gelacht und erwidert, daß ein Malayali-Akrobat namens O. Muthachen Saltos auf der Sonne geschlagen hatte. Wobei ihm Bleistifte in der Nase steckten. Sie war bereit, zuzugestehen, daß Amerikaner *existierten*, obwohl sie noch nie einen gesehen hatte. […] Aber auf dem Mond spazierengehen? Nein, Sir."[117]

Dieses Kuriosum – „She was prepared to concede that Americans *existed* though she'd never seen one. […] But the walking on the moon bit? No sir."[118] – zeigt, dass durch Befangenheit nicht nur eine verzerrte Sicht, sondern ein „umgekehrter Realitätsverlust" bezüglich „anderer", fremder, hier sogar extraterrestrischer Gegebenheiten entstehen kann. Die Entwicklung des Postkolonialismus ergibt aus der Sicht der Kochu Maria ein Bild ironischer Spiegelverkehrung des „Gleichzeitigkeitsgefälles" im besitzergreifenden, kolonialen Denken. Von ihrem Standpunkt eines „verwestlichten Nicht-Westens" aus – im Roman wird betont, dass Kochu Maria sich zu einer „Fernsehsüchtigen"[119] entwickelt – erscheint das „geläufig Westliche" – Fortschritt und Expansion bis über vermeintlich natürliche Grenzen hinaus – wie etwas Unverständliches, Unglaubwürdiges.

---

[115] Arundhati Roy: Der Gott der kleinen Dinge, München 1999.
[116] Ebd., S. 197.
[117] Ebd., S. 197 f.
[118] Arundhati Roy: The God of Small Things, London 1997, S. 171.
[119] Roy 1999, S. 197.

Die ironische Parallelisierung der Mondlandung mit privatem Unglück oder anderen „Bruchlandungen" bei Max Frisch und die Leugnung des „Mondspaziergangs" als nebenläufiger Begebenheit in der durch Nachrichten – Information wie Desinformation – vermittelten Welt bei Arundhati Roy sind Beispiele einer Irritation von Simultaneität in provozierender Absicht. Der Effekt ist ein ästhetischer. Die Wirklichkeit des synchronen „Anderen" bleibt den Bedingungen der Wahrnehmung unterworfen. Verblüffung und Verfremdung betreffen die multiperspektivische Sicht des Heute, so dass die zeitgenössische, globale Gleichzeitigkeit in Frage gestellt wird.

Die Auflösung des Miteinanders, das Unberührtbleiben der Menschen voneinander gestaltet Martin Walser im Roman „Ohne einander" (1993). Über den Protagonisten des Abstandhaltens und die Titelworte des Buchs heißt es am Schluss: „Er fasste Vertrauen zu diesen zwei Wörtern. Er strich alle anderen Wörter durch. Und es stand da: ohne einander."[120] Wo Nebenläufigkeit durch Gleichgültigkeit geprägt ist, schwächt sich einerseits das Aufdringliche und offenbart sich andererseits die Entfremdung.

Die Fülle des Ganzen und die Aufzählung

In musikalischen Kompositionen entsteht Polyphonie durch Techniken der Simultaneisierung von Tonfolgen. Unsere Hörgewohnheit ist dadurch, wie Stuckenschmidt darlegt, unter normalen Umständen nicht überfordert:

> „Die menschlichen Sinne sind fähig, mehrere Vorgänge gleichzeitig wahrzunehmen und zu verfolgen. Diese Fähigkeit lässt sich schulen, lässt sich entwickeln und zu vielerlei praktischen und künstlerischen Zwecken nutzbar machen. [...] Auf ihr beruht im musikalischen Bereich alles, was wir Polyphonie nennen."[121]

---

[120] Martin Walser: Ohne einander. Roman, Frankfurt a. M. 1993, S. 226.
[121] Stuckenschmidt 1979, S. 71.

Mit zahlreichen Beispielen der Polytonalität, der Polymodalität, der Polymetrik und der Polyrhythmik konkretisiert Stuckenschmidt die „neue Ästhetik der Verkopplung gleichzeitig auftretender Wahrnehmungen"[122]. Insbesondere zählt er „die Verbindung mehrerer rhythmischer Schichten zu den Merkmalen jeder reifen Mehrstimmigkeit."[123] Wenn der Musikwissenschaftler die musikalische Kunst der Gleichzeitigkeit unter Verwendung eines Ausdrucks von Alban Berg als „genaue Addition"[124] bezeichnet, dann meint er damit jene planvoll komponierte Synthese, die man als „Passung des Ungleichen" bezeichnen könnte.

Ein elementares Mittel zur „Addition" ist die Aufzählung. Auch sie kann Simultaneität bedeuten. Die darin jedoch verborgene Problematik wird etwa bei Stanisław Lem offenbar. Im oben erwähnten Bericht über Wege der Recherche einer Menschheitsminute verdeutlicht er, dass sich das Bemühen um eine Schau der Einheit der Welt zur Sorge um optimale und verlässliche Datenverarbeitung gewandelt hat. Lems Fazit bezweckt die Enttäuschung des Lesers: „Es ist unmöglich zu erfahren, was alles auf der Erde selbst im Laufe einer Sekunde vorgeht."[125] Das Paradigma der Information führt in ein Dilemma: Man kann „nicht alles *auf einmal* erfahren"[126], sondern das Sammeln der Daten gelingt nur in der Form des Nacheinanders. Dies gilt auch, wenn der Fortschritt der Erhebungen durch außenstehende Beobachter „mit der menschlichen Welt *synchron* läuft."[127] Lem vergleicht diese Methode mit einem „Computer jenes Typs, den wir einen in der realen Zeit arbeitenden Computer nennen – eine Einrichtung also, welche die Ereignisse, auf die sie programmiert wurde, synchron mit dem Tempo ihres Ablaufens registriert."[128]

---

[122] Stuckenschmidt 1979, S. 71.
[123] Ebd., S. 80.
[124] Ebd., S. 89.
[125] Lem 1983, S. 23.
[126] Ebd., S. 25.
[127] Ebd., S. 53.
[128] Ebd.

Wie sich die Pragmatik der Informationsverarbeitung um „Echtzeit" bemüht, so versucht sich die Sprache der Literatur dem multiplen Lebensbetrieb durch die Figur der „enumeratio" anzugleichen. Dieses Stilmittel entspricht einer gestalterischen Sicht, welche sowohl das Interesse am Elementaren und Konkreten als auch die nie abzuschließende Suche nach dem Umfassenden widerspiegelt. Dabei ist zu beobachten, dass die Reihungen absichtsvoll entweder abbrechen, um Unvollständigkeit zu bezeugen, oder sich abrunden, um Struktur anzudeuten. Heinrich Lausberg fasst den Zweck sukzessiven Nennens in die regelhafte Aussage: „Die Fülle des Ganzen kann durch chaotischen Inhalt der Aufzählung ausgedrückt werden."[129]

Auch Lem bedient sich, um das Problem der Verarbeitung simultaner Informationen als eines signifikanten Ausdrucks der „Fülle des Ganzen" zu lösen, des Mittels der Aufzählung, der schrittweisen Häufung. Der Autor nennt dies die „Methode der sukzessiven Approximation"[130]. Die Frage nach simultaner Vergegenwärtigung berührt den Widerspruch einer globalen Ästhetik zwischen dem Verlangen nach umfassender Imagination und der Unmöglichkeit einer dazu erforderlichen Expansion der Wahrnehmung:

„Die Menschen setzen sich an gedeckte Tische, suchen nach Abfällen in Müllhaufen, beten in Gotteshäusern […], Milliarden Menschen schlafen, Leichenzüge gehen durch Friedhöfe, Bomben explodieren, Ärzte beugen sich über Operationstische […], Überschwemmungen ergießen sich über Felder und Häuser, Kriege werden geführt […], es donnert, es blitzt, es ist Tag, es ist Nacht, es dämmert am Morgen und am Abend –"[131]

---

[129] Heinrich Lausberg: Elemente der literarischen Rhetorik, München 1967, S. 98 (§ 303).
[130] Lem 1983, S. 26.
[131] Ebd. S. 42 f. – Die abschließende Erinnerung an den natürlichen Kreislauf stellt eine mögliche Folie zur Wahrnehmung der Gleichzeitigkeit bereit. Allerdings wird dieser ebenso sinnoffene wie formal befriedigende Bezug

Welche fantastischen Ausmaße die Technologie der Simultaneisierung annehmen kann, spiegelt Lem durch den von ihm erdachten „Golem XIV" wider.[132] Der unter diesem Namen porträtierte und zur Sprache gebrachte, zum dozierenden Vortrag befähigte Computer funktioniert als wissenschaftlicher Berater am Massachusetts Institute of Technology des Jahres 2029 und ist eine lichtbasierte intelligente Maschine, die sich selbständig optimiert und „über eine millionmal schneller denkt als ein Mensch", weshalb die Anlage künstlich „verlangsamt" werden muss.[133] Letzteres erfordert zusätzliche Simultanoperationen, wofür der Licht-Computer die errechneten Daten abwartend „im peripheren Gedächtnis lagert."[134]

Das einzigartige Gebilde hochreflektierter technologischer Fantasie stellt ein System des Multitasking dar, durch welches sich auch unsere multiple Welt den wiederkehrenden Erfordernissen ihrer Erschließung und Verwaltung anzugleichen versucht. Das störungsfreie Funktionieren soll anscheinend durch die optimierte Synchronisation vielfältiger simultaner Prozeduren gewährleistet werden:

---

durch einen bizarren Kontrast verfremdet. Nach dem Gedankenstrich folgt eine erstaunliche Feststellung, die an einen zuvor wiedergegebenen Befund anschließt: „– was auch immer geschieht, der befruchtende Strom von 43 Tonnen Sperma fließt pausenlos und das Gesetz der großen Zahlen garantiert, daß er ebenso beständig bleibt wie die Menge der auf die Erde fallenden Sonnenenergie" (Lem 1983, S. 43). Lem reflektiert besonders die Gleichzeitigkeit des Widersprüchlichen, und der kommentierende Text hebt das Paradoxe hervor: „Das hat etwas Mechanisches, Unerschütterliches und Tierisches zugleich an sich. Man weiß nicht, wie man sich mit diesem Bild einer Menschheit abfinden soll, die so unerschütterlich kopuliert – inmitten aller Kataklysmen, die ihr begegnen und die sie sich selbst bereitet." (Ebd.)

[132] Stanisław Lem: Imaginäre Größe, Frankfurt a. M. 1982 (darin als zusammengehörige Texte: S. 109-108 „Golem XIV", S. 111-135 „Vorrede", S. 136-141 „Vorwort", S. 142-145 „Belehrung", S. 146-205 „Golems Antrittsvorlesung").
[133] Ebd., S. 143.
[134] Ebd.

„GOLEM, ein System mit neunzig Ausgängen, kann während der Teilnahme an einer Sitzung eine große Anzahl eigener Operationen durchführen und überdies mit zahlreichen Gruppen von Experten (Maschinen oder Menschen) gleichzeitig zusammenarbeiten – entweder auf dem Gelände des Instituts oder auch außerhalb."[135]

Simultaneität als kognitive Hochspannung ist im literarischen Gebiet ein besonderes Anliegen Hermann Brochs.[136] Er postuliert sie auf der syntaktischen Ebene als reflektierte Prosa, „wo ein Satz tunlichst ohne Bruch bis zur völligen Ausschöpfung des Gedankens weitergeführt werden soll."[137] Jürgen Schramke betont, dass Broch damit eine „die normalen Dimensionen sprengende Syntax"[138], eine extreme Simultansprache fordert:

> „denn hier geht es nicht um Gedankengänge, denen diskursive Satzfolgen entsprächen, sondern um weitverzweigte Gedankenkomplexe mit unzähligen Assoziationen, Seitengedanken und Obertönen, deren simultane Vergegenwärtigung am ehesten durch zeitüberspannende Riesensätze zu erzwingen ist."[139]

Als ein solches „gigantisches Satzgebilde" betrachtet Broch das gesamte, interpunktionslose Schlusskapitel des „Ulysses" von James Joyce.[140]

Nach Broch kann die absolute Musik – er sagt: „die Musik an sich" – als Inbegriff der dichterischen, der künstlerischen, der kognitiven Simultaneität gelten. Im Zusammenhang seiner Überlegungen zu Wertsystem und Ästhetik, insbesondere über den Kitsch, erfährt das sukzessive Prinzip des Darstellens, die „bloße Anei-

---

[135] Lem 1982, S. 144.
[136] Hierzu Schramke 1974, S. 131-138 (Kapitel „Simultaneität", bes. S. 133-136).
[137] Broch, zit. ebd. S. 135.
[138] Ebd., S. 136.
[139] Ebd.
[140] Ebd.

nanderreihung"[141] ein moralisch abschätziges Urteil. Broch sieht im Nacheinander „die Methode der primitiven Syntax, des konstanten Trommelrhythmus"[142]. Stattdessen erwartet er

> „die Umwandlung zeitlicher Abfolge in ein Gebilde, das in einem erweiterten Sinne räumlich genannt werden muß und das auch noch in den letzten Resten ein Abglanz jenes Wertsystems ist, das von der Musik dargestellt wird: die Umwandlung des Zeitlichern in ein räumlich empfundenes Simultansystem, es ist die Musik an sich."[143]

Sowohl im tönenden Nacheinander der musikalischen Komposition als auch im jeweiligen Zusammenklang aller Stimmen nehmen wir die Ausschöpfung eines Ganzen wahr. Aber auch wenn die Imagination dabei eine Simultanstruktur aufbaut, realisiert sich das sinfonische Prinzip in der Form linearer Zeitprogression. Ist das Sukzessive auszuschließen?

Karl Gutzkow wies auf Simultanformate der Datendokumentierung, auf tabellarische Synopsen hin.[144] Noch bevor er den „Roman des Nebeneinander" postulierte und verteidigte, betonte er die Erfordernis einer historiographischen „Synchronistik".[145] Sie verlange vom Historiker, dass er „mit dem einen Bein in London, mit dem anderen in Paris" stehe.[146] Ein ähnliches Postulat ist später bei

---

[141] Hermann Broch: Das Böse im Wertesystem der Kunst, in: Ders.: Schriften zur Literatur 2. Theorie, Frankfurt a. M. 1975, S. 119-157; hier S. 152.
[142] Ebd.
[143] Ebd., S. 128.
[144] Steinecke 1975, S. 221.
[145] Begriff „Synchronistik" nach Karl Gutzkow: Briefe eines Narren an eine Närrin, Hamburg 1832, S. 183; zit. bei Steinecke 1975, S. 221. Wie die Geschichtsschreibung „die Gleichberechtigung der verschiedenen historischen Ereignisse" (Steinecke, ebd.) anerkennen und methodisch widerspiegeln soll, so hätte die Simultanschau in der Epik ein „Ansatz für einen deutschen realistischen Gesellschaftsroman werden können" (ebd., S. 224).
[146] Gutzkow: Briefe eines Narren, zit bei Steinecke 1975, S.221.

Hermann Broch im Konzept des „polyhistorischen Romans"[147] zu beobachten. Im Sinne der von Broch postulierten „Verwandlung der Zeit"[148] müsste die Literatur den Formen der „Aneinanderreihung", der Sukzession widerstehen und narrative oder symbolische Simultanformate anstreben. Freilich hatte schon Gutzkow eingeräumt, dass das simultane „Konzert"[149] des Lebens im Roman, „wo der Autor alle Stimmen und Instrumente zu gleicher Zeit, sie in- und nebeneinander vereinend, spielt"[150], sich „mit der Feder nur in der Form des Nacheinander" wiedergeben lässt, wobei es freilich „auf die Anschauung" ankomme.[151] Und auch Broch räumte ein, dass „dieses Streben nach Simultaneität […] nicht den Zwang durchbrechen kann, daß das Nebeneinander und Ineinander durch ein Nacheinander ausgedrückt werde"; aber es bleibe

> „die Forderung nach Simultaneität trotzdem das eigentliche Ziel […] alles Dichterischen: das Nacheinander der Eindrücke und des Erlebens zur Einheit zu bringen, den Ablauf zur Einheit des Simultanen zurückzuzwingen."[152]

In Stanisław Lems Prosa erkennen wir, dass sich auch die Aufzählung eignet, um die „Anschauung" des Simultanen zu ermöglichen. Es sei hervorgehoben, dass die Aufzählung weder das Ganze noch das Wahre ist; aber man kann sie als sich schrittweise aufbauendes Abbild, als Abfolgemodus der Gleichzeitigkeit sehen, wie Plato die

---

[147] Bruno Hillebrand: Theorie des Romans II. Von Hegel bis Handke, München 1972, S. 157: „Das Simultaneitätsprinzip ist das Hauptcharakteristikum des polyhistorischen Romans, es ist zugleich die Voraussetzung, daß dieser zum Mythos sich steigern kann – denn dessen Voraussetzung ist die Vernichtung der Zeit, die Verräumlichung des Daseins."
[148] Broch 1975, S. 153.
[149] Gutzkow: Vom deutschen Parnaß, in: Steinecke 1970, S. 45.
[150] Ebd.
[151] Ebd.
[152] Hermann Broch: James Joyce und die Gegenwart. Rede zu Joyces 50. Geburtstag, in: Ders.: Kommentierte Werkausgabe, hg. v. Paul Michael Lützeler. Band 9/1, Frankfurt a. M. 1975, S. 63-94; hier S. 73.

Zeit als bewegtes Abbild, als sukzessive Projektion der Ewigkeit sah.[153]

Zu den Erscheinungsformen der Gleichzeitigkeit gehören Relationen und Korrespondenzen, die „immer irgendwo" wirken und die als erstaunlich und vielleicht als unheimlich empfunden werden. Die absolute Simultaneität übersteigt freilich die Vorstellungskraft und verweist auf die Beschränktheit des Erlebens und Erfahrens. Indem die Imagination sich dabei selbst kritisch wahrnimmt, bezieht sich auch ihr Medium, die Sprache, auf sich selbst. Diesen Aspekt berührt Hans-Martin Gauger, wenn er in der „Tendenz zur bloßen, syntaktisch nicht mehr organisierten Aneinanderreihung von Wörtern", die sich als eines der Merkmale modernen Stils „im Vers *und* in der Prosa" beobachten lasse, „eine Verstärkung, im Bewußtsein des Lexikalischen, somit der *nennenden* Elemente der Sprache" sieht.[154]

Ironie der Gleichzeitigkeit

Die literarische Gleichzeitigkeit für den Leser ist von der performativen Gleichzeitigkeit für den Zuschauer im Theater oder im Film nicht völlig abgelöst zu betrachten. In der Gegenwart, im Zeitalter der „Vernetzungen" erklären sich viele simultaneistische Phänomene erst aus dem Bedingungsgefüge intermedialer Konnektivität. So scheint beispielsweise der natürliche Erinnerungsabstand, der zu den Voraussetzungen des Sinnaufbaus im intertextuellen Dialog gehört, in der technologisch basierten Kommunikation eingezogen zu sein. Von der Konferenzschaltung bis zum Instant-Dialog im „Chat" lässt sich eine Zunahme von vergleichzeitigter Rede, von interkonnektiver Gleichzeitigkeit beobachten.

---

[153] Hierzu auch Jorge Luis Borges: Die Zeit, in: Ders.: Die zwei Labyrinthe. Lesebuch, München 1986, S. 262-273; bes. S. 265.
[154] Hans-Martin Gauger: Über Sprache und Stil, München 1995, S. 105.

Nachdem der Dramatiker Johann Nestroy schon in den dreißiger Jahren des neunzehnten Jahrhunderts die Simultanbühne forderte und dafür die Mehr-Etagen-Architektur von Wohngebäuden aufgriff, um die oft paradoxe Simultaneität der Vorgänge im sozialen Gefüge oder im psychologischen Haushalt der Menschen zu zeigen,[155] und nachdem im zwanzigsten Jahrhundert die offenen oder transparenten Haus- und Zimmerwände in Stücken von Tennessee Williams oder Arthur Miller auf eine neuere Psychologie innerer Erlebniszustände der Gleichzeitigkeit von Gegenwart und Erinnerung schließen lassen, kehren die Etagen und Guckkasten-Räume der Simultanbühne als virtuelle Chat-Räume des frühen einundzwanzigsten Jahrhunderts verwandelt wieder.[156] Sie verweisen auf die reproduzierte Indifferenz und strukturelle Einsamkeit in der digitalen Kommunikation und in der paradoxen Enge der Vernetzung. Der Chat erscheint wie beklemmende Gespensterrede aus einer Parallel- oder Metawelt.[157]

In „norway.today" (2000) von Igor Bauersima nimmt das Mädchen Julie, vor dem per Internet geplanten (aber schließlich scheiternden) gemeinsamen Suizid mit Freund August, eine gestellte Videobotschaft an die Familie auf. Sie spricht vor der Kamera ins

---

[155] Johann Nestroy: Zu ebener Erde und erster Stock oder Die Launen des Glückes. Lokalposse mit Gesang in drei Aufzügen [1835], in: Gesammelte Werke. Ausgabe in sechs Bänden, Band 2, Wien 1962, S. 425-549. Ders.: Das Haus der Temperamente. Posse mit Gesang in zwei Akten [1837], in: Gesammelte Werke. Ausgabe in sechs Bänden, Band 3, Wien 1962, S. 5-156.

[156] Beispiel: Enda Walsh, Chatroom, London 2005.

[157] Anzumerken sind auch Innovationen im experimentellen Hörspiel, bei dem die Hörer auf simultanen Wellen surfen. Am 10.12.2009 sendeten drei öffentliche Medien gleichzeitig das Hörspiel „Das Haus" aus drei Perspektiven. Nach dem Horrorroman „House of Leaves" von Mark Z. Danielewski (New York 2000) verfasste Thomas Böhm drei Regietexte für drei Regisseure bei 1Live, WDR 3 und WDR 5. Die Hörer konnten zwischen den Wellen wechseln oder bei einer Welle bleiben. Das sei möglich „durch einige Schlüsselszenen, die zeitversetzt in allen drei Fassungen aufgegriffen werden, wenn auch mit ganz unterschiedlicher Akustik, Ästhetik und Ausführlichkeit." (WDR-Print, Dezember 2009, S. 3.)

Mikrofon: "*Kamera an.* Ja. [...] Ich wollte schon immer mit meinen Lieben sterben. Gleichzeitig. [...] Alle zusammen."[158] In der Verblendung – Bauersimas Wort dafür heißt „Fake" – mag die Gleichzeitigkeit des Endes, des Untergangs noch als letzte Strukturierung erscheinen. Aber die elektronische Pseudokommunikation erweist sich als trügerisch. Die postmoderne Simultanszenerie der Chat-Räume stellt Kommunikation als möglichst zeitgleich, in „Echtzeit" realisierbaren Simultan-„Fake" dar. In „Ruhm" (2009), Daniel Kehlmanns Roman aus gleichzeitigen und nebenläufigen Geschichten, heißt es über die simultane Bodenlosigkeit in der „medienunterstützten" Kommunikation:

> „Wie merkwürdig, daß die Technik uns in eine Welt ohne feste Orte versetzt hat. Man spricht aus dem Nirgendwo, man kann überall sein, und da sich nichts überprüfen läßt, ist alles, was man sich vorstellt, im Grunde auch wahr."[159]

In den Fallen der Gleichzeitigkeit offenbaren sich epistemologische Pointen. David Lodge nutzt solche Ironien im Roman „Thinks". Der Leser wird mehrmals an die Relevanz von Simultaneitätsphänomenen im modernen Denken und Verhalten erinnert. Dabei handelt es sich teils um reflektierte Alltagskommunikation, teils um Anspielungen auf kognitionswissenschaftliche Ansätze. Ralph, Dozent im Fach „Cognitive Science", nennt Bewusstsein das Hauptgebiet philosophisch orientierter Forschung in der Gegenwart: „Consciousness is the biggest white space on the map of human knowledge."[160] In einem seiner „inneren Monologe", die er als mündlich artikulierte Gedankenströme – zum Beispiel beim Autofahren – aufzunehmen und in Sprachdateien zu speichern pflegt, bewegt ihn die Frage, ob ein Kontinuum vom bloßen „*Stand-by*-Modus" der Geistesgegenwart zu höherer kognitiver

---

[158] Igor Bauersima: norway.today, Frankfurt a. M. 2003, S. 53 f.
[159] Daniel Kehlmann: Ruhm. Ein Roman in neun Geschichten, Reinbek bei Hamburg 2009, S. 172 f.
[160] David Lodge: Thinks, London 2001, S. 35.

Aktivität anzunehmen sei. Er spricht bei gleichzeitig eingeschalteter Aufnahmefunktion seines „Voicemaster" vor sich hin und schafft auf diese Weise ein unmittelbares Protokoll seiner Überlegungen. Diesem Simultanprotokoll eignet eine ironisch schillernde Doppelfunktion, indem es sowohl vom Zusammenhang zwischen Metabewusstsein und Simultaneität handelt als auch das Entstehen eben dieser gedanklichen Verknüpfung – autothematisch, selbstreflexiv – abbildet:

> „Say there's a continuum between a mere processing of sense data, I am hot I am cold I itch, at one pole, and abstract philosophical thinking at the other, with an infinitely graduated series of stages in between ... Yes but it's possible to do both at once, for example driving, it's possible to drive a car without being conscious of what one is doing, changing gear, braking, accelerating, *etcetera*, quite efficiently and safely, while thinking about something entirely different, about consciousness for instance."[161]

Die Ironie der Gleichzeitigkeit ergibt sich nicht nur aus dem Spiel der Metaebenen transzendentaler Reflexion, sondern offenbart sich auch im lebensweltlichen „Knistern" von Beziehungen. Während allerdings die Frage „Can you argue, really argue, argue to win – and flirt at the same time?"[162] zum Nachdenken anregt, so lautet die Antwort – nicht minder bedenkenswert, was die Kraft des Menschen zur Gleichzeitigkeit betrifft – an dieser Textstelle in fixer Eindeutigkeit: „Surely not."[163]

Ein bedeutendes anderes Beispiel für den verführerischen Aspekt der Gleichzeitigkeit ließe sich in Mozarts „Don Giovanni" am Ende des ersten Aktes sehen, wo der Verführer das Spiel mit der Gleichzeitigkeit zur Irritation und Täuschung auf die Spitze treibt, indem er drei tanzende Gruppen auf einmal arrangiert. Der Kom-

---

[161] Lodge 2001, S. 4.
[162] Ebd., S. 103.
[163] Ebd.

ponist lässt „drei Tanzkapellen gleichzeitig ein Menuett, einen Contretanz und einen raschen Walzer spielen"[164]; es liegt „beabsichtigte Polyrhythmik und Polymetrik vor. Die drei Schichten wollen in diesem Falle vom Ohr selbständig wahrgenommen und unterschieden werden, genau wie die tonalen Schichten in einer polytonalen Musik."[165]

Nach Stuckenschmidt kann diese Szene geradezu als paradigmatisch für musikalische Gleichzeitigkeit – „selbständige und völlig ausgefüllte musikalische Vorgänge werden verkoppelt, laufen gleichzeitig ab" – gelten: „Es ist im Prinzip nichts anderes als das berühmte Imbroglio der Tänze, mit denen Mozart [...] drei Gesellschaftsschichten [...] gleichzeitig charakterisiert."[166] Während bei Mozart das irritierte Ordnungsempfinden im Spiel mit der Unregelmäßigkeit in Panik umschlägt – das Libretto fasst die finale Unordnung in die Regiebemerkung: *„Die Musikanten und alle anderen stieben auseinander"*[167] –, verlangt Hermann Broch, wie wir gesehen haben, eine Art von Polytonalität der Kunst überhaupt, nämlich „die Umwandlung des Zeitlichen" ins „Simultansystem" der „Musik an sich".[168]

Lodge begegnet dieser Ästhetik der Gleichzeitigkeit in ironischer Absicht. Der kognitionstheoretisch belastete Protagonist im Roman „Thinks" bringt seine persönlichen Zweifel an der Wahrnehmung polyphoner Kompositionen zum Ausdruck und postuliert simultanes geistiges Geschehen auf anderer Ebene:

„I like listening to music as background, while I'm doing something else, but not sitting in a concert hall ... After a few bars, I'm away, daydreaming, free-associating ... no doubt I don't know

---

[164] Stuckenschmidt 1979, S. 81.
[165] Ebd.
[166] Ebd. S. 89.
[167] Wolfgang Amadeus Mozart: Don Giovanni, KV 527. Komödie für Musik in zwei Akten. Libretto von Lorenzo Da Ponte. Übersetzung von Thomas Flasch, Ditzingen 2000, S. 40.
[168] Broch 1975, S. 128.

enough about music, but I wonder how many people actually *think* music when they're listening to it ... very few I bet ... Imagine if you could put a wire into every brain in a concert hall and watch the scan patterns – would they all be the same? I very much doubt it ... and if you could actually download the semantic contents of their brain activity digitally and decode them and print them out, five hundred people all listening to the same piece of music, I bet you'd get five hundred totally different totally unique thought streams as wild and incoherent and surprising as dreams ... all kinds of thoughts, trivial, serious, erotic ..."[169]

Beim Lesen dieser Reflexionen kann man sich an den Anfang des inneren Monologs in der Novelle „Lieutenant Gustl" (1900) von Arthur Schnitzler erinnert fühlen. Bei Lodge ist der Strom der Assoziationen ein Experiment mit der Gleichzeitigkeit im Denken und im Verhalten – „while I'm doing something else" –, wobei die nicht unterdrückte Beliebigkeit simultaner Einfälle – „the semantic contents" – als Indiz des Multiplen – „wild and incoherent" – erscheint.

Simultanakrobatik in der Bedrängnis

Für Theodor Däubler hatten moderne Simultaneisierungstendenzen beunruhigende, beängstigende Züge. Die Fülle des Gleichzeitigen war für ihn ein „gefährlicher Reichtum"[170], Inflation des Heterogenen im Spiel der Beliebigkeiten, „Überfülle von Gelerntem, nur flüchtig Aneigenbarem"[171]. Däublers Kulturkritik ist nicht ohne Schärfen:

„Wir tragen ganze Namenregister herum, auch lieber auf den Tastorganen als im Großhirn: hinter jedem Namen eine Wichtigkeit,

---

[169] Lodge 2001, S. 181.
[170] Theodor Däubler: Simultanität, in: Die weissen Blätter. Eine Monatsschrift, 3. Jg., Leipzig 1916, Heft I, S. 108-121; auch in: Ders.: Der neue Standpunkt, Leipzig 1919, S. 9-32; hier S. 24.
[171] Däubler 1919, S. 25.

oft ganz winzig, aber doch stenogrammatisch in uns eingesetzt, versponnen. [...] Kenntnisse sind nicht mehr Pfeiler unsrer Kultur: wir spielen damit, setzen sie nach dem Schönheitsgefühl willkürlich, aber eigenrhythmisch ein: wir barockisieren."[172]

Mit dem Ausdruck „wir barockisieren" nimmt der Expressionist die fortgeschrittene Eitelkeit der Moderne und das tiefe Unwissen, die Ignoranz im Zeitalter der Information und die Vanitas der Daten in den Blick: die Gleichzeitigkeit der multiplen Bits, das Unkonturierte der Kultur, „die großzügig künftige Horizontale"[173], die offene Ebene vager Nebenläufigkeiten – „breitspurig, geschwind, geschmeidig, empfänglich für Einflüsse und Eingebungen".[174]

Weil es geschehen könne, dass „durch gleichzeitige andere Vorfälle die Aufmerksamkeit abgelenkt wird"[175], machte Bertolt Brecht sich Sorgen um die Reinheit der Wahrnehmung, also die Ästhetik. Von einer vergleichbaren, aber eher nach innen gerichteten Besorgnis wegen möglicher Unaufmerksamkeiten ist das andauernde Reflektieren, Erwägen und Verwerfen von Konzepten geprägt, das wir in der Prosa Samuel Becketts beobachten können. Während Brecht, der Dramaturg der analytischen Abbildung gesellschaftlicher Widersprüche, trotz der zitierten Warnung vor ablenkenden Einflüssen zahlreiche Simultanefekte für seine Stücke nutzte und „Parallelszenen"[176] schrieb, um seine Schauspieler in dialektischer, polyvalenter Situations- und Charakterdarstellung zu

---

[172] Däubler 1919, S. 25.
[173] Ebd., S. 28.
[174] Ebd.
[175] Bertolt Brecht: Dialoge aus dem Messingkauf. Frankfurt a. M. 1964, S. 40. – Brecht äußerte diese Mahnung um 1940 im skandinavischen Exil und wünschte sich die Unabhängigkeit von irreführenden Einflüssen. Siebzig Jahre später, im April 2010, war mit Blick auf fragliche Kräfteanspruchung in der heutigen Zeit aus der Presse zu erfahren: „Das digitale Leben [...] fordert einen hohen Preis. Wir meinen, vieles parallel bewältigen [...] zu können. Die Hirnforschung kommt aber zum gegenteiligen Schluss. Mit Multitasking droht die Verwahrlosung unseres Stirnlappens." (Martin Korte, FAZ vom 30.04.2010)
[176] Brecht 1964, S. 139-150.

schulen, unternimmt es Beckett, der Dichter des Zweifelns und der Skepsis, die panikartige Simultaneität der Vorgänge im Bewusstsein zu recherchieren. Dabei finden irritierende Faktoren besonderes Interesse. Der Namenlose, der fortgesetzt redende, denkende und sein Reden und Denken kommentierende Protagonist des dritten Teils der Romantrilogie „Molloy, Malone Dies, The Unnamable" fragt sich ausdrücklich, wie es möglich sei, gleichzeitig zu denken und zu sprechen: „But how can you think and speak *at the same time*, how can you think about what you have said, may say, are saying, and *at the same time* go on with the last-mentioned."[177]

Die Gleichzeitigkeit von Denken und Sprechen würde die Identität des Bewusstseins mit sich selbst bedeuten. Das Ich erwartet diese innere Gleichzeitigkeit als Voraussetzung des Bei-sich-Seins, gegen die „geistige Abwesenheit". Eben darin aber scheitert der Sprechende mangels umfassender Sicht auf sich selbst: „It is because my thoughts are elsewhere."[178] Die Unverfügbarkeit des Gleichzeitigen droht den Fokus des auktorialen Bewusstseins zu schwächen, weshalb auch beruhigtes Schweigen nicht statthaft erscheint:

> „But it seems impossible to speak and yet say nothing, you think you have succeeded, but you always overlook something, a little yes, a little no, enough to exterminate a regiment of dragoons."[179]

Nicht nur in der Natur gibt es „immer irgendwo Gewitter". Auch im Denken ist beständig mit simultanen – nahen oder fernen, gleichzeitigen oder nebenläufigen – Entladungen und Einschlägen zu rechnen. Die unverfügbare und unberechenbare Simultaneität im Bewusstsein demonstriert und parodiert Beckett eindrucksvoll durch die berühmte Denk-Tirade Luckys in „Warten auf Godot". Die Mehrdimensionalität dieses Monologs ist fugenartig kompo-

---

[177] Samuel Beckett: Molloy, Malone Dies, The Unnamable, London 1959, S. 377. (Hervorhebung W. Sch.)
[178] Ebd., S. 325.
[179] Ebd., S. 305.

niert und spiegelt die Bedrängnis des Reflektierenden, Sprechenden, Schreienden wider. Dabei hinterlässt noch der scheinbar entlastende Leerlauf der Rede den Eindruck erregter Rhetorik. Wie Goethe in seiner Schrift „Über Laokoon" hervorhebt, dass die in der Gruppe dargestellten „Figuren eine doppelte Handlung äußern und so höchst mannigfaltig beschäftigt sind",[180] so wäre von Luckys Gedankenmonolog zu sagen, dass die Motive sich darin „höchst mannigfaltig", ja alptraumartig artikulieren. Lucky vollführt – „bis zur völligen Ausschöpfung des Gedankens"[181]; „mit unzähligen Assoziationen, Seitengedanken und Obertönen"[182] – ein Schaustück verzweifelter Simultanakrobatik. Die vielschichtigen Argumentationsweisen elaborierter Wissenschaft interpretiert er als Panik in vernetzten Gedankengängen. Den bizarren Tanz, der seiner Denk-Nummer vorangeht, pflegt er einen „Netztanz"[183] zu nennen: „Er bildet sich ein, sich in einem Netz verfangen zu haben."[184] So stellt auch der Monolog das Verfangensein in einem Gedankennetz dar. Der ungeheure Vortrag erweist sich als halsbrecherische Kür. Mehrmals muss der Denkende zur angespannt extemporierten Simultanakrobatik neu ansetzen und das Simultaneitätsprinzip ausdrücklich benennen:

„und zugleich parallel verlaufend man weiß nicht warum"[185]
„kurz ich wiederhole zugleich parallel verlaufend"[186]

---

[180] Johann Wolfgang von Goethe: Über Laokoon, in: Werke, Hamburger Ausgabe, Band 12, München 1982, S. 56-66; hier S. 63.
[181] Broch, zit. bei Schramke 1974, S. 135 (vgl. Fn. 137).
[182] Schramke 1974, S. 136 (vgl. Fn. 139).
[183] Samuel Beckett: Dramatische Dichtungen in drei Sprachen, Frankfurt a. M. 1981, S. 83.
[184] Ebd. (Kommentar im „Godot"-Stück durch Pozzo, Luckys Herrn.)
[185] Ebd., S. 91; französisch: „et en même temps parallèlement on ne sait pourquoi" (ebd., S. 90); englisch: „and concurrently simultaneously what is more for reasons unknown" (ebd., S. 400).
[186] Ebd., S. 93; französisch: „bref je reprends en même temps parallèlement"; englisch: „and concurrently simultaneously for reasons unknown" (ebd., S. 400).

„zugleich parallel verlaufend man weiß nicht warum"[187]
„ich wiederhole der Kopf gleichzeitig parallel verlaufend man weiß nicht warum"[188]

Mit der wiederholten und variierten Umstandsangabe „zugleich parallel verlaufend" („gleichzeitig parallel verlaufend") in Luckys Simultanrede thematisiert Beckett das Doppelprinzip von „Konkurrenz" und Partizipation unter den unsicheren Bedingungen globaler Rationalität.[189]

Ein jegliches hat seine Zeit

Simultaneität scheint ein ideales Konzept zu sein, um Kräfte und Sinnelemente zu sammeln oder einander bereichern zu lassen, eine „Forderung", wie Hermann Broch betonte, das zeitabhängige Nacheinander zu überwinden. Das übergreifende Prinzip simultaner Präsenz erscheint vielgestaltig und ambivalent – sowohl in sich selbst und allgemein-strukturell als auch unter jeweils besonderen Erfahrungsumständen: als Geflecht gleichzeitiger Beziehungen oder als Parallelität nebenläufiger Vorgänge.

In der Literatur erleben wir Simultaneität als paralleles, polyhistorisches Erzählen, auch als mehrdimensionale Rede der Dichtung, in der Dramaturgie als durchlässige Szene oder Simultanbühne, im Denken als „Konkurrenz" oder als konzentrierte Bündelung, als Engführung der Argumente und Interessen. In ihr wird kritisches

---

[187] Beckett 1981, S. 93; französisch: „assavoir en même temps parallèlement on ne sait pourquoi" (ebd., S. 92); englisch: „namely concurrently simultaneously what is more for reasons unknown" (ebd., S. 401).
[188] Ebd., S. 95; französisch: „je reprends la tête en même temps parallèlement on ne sait pourquoi" (ebd., S. 94); englisch: „and concurrently simultaneously what is more for reasons unknown" (ebd., S. 401).
[189] Die englische Fassung des „Godot" setzt „concurrently" für „zugleich", „gleichzeitig" (französisch: „en même temps"); die deutsche Übersetzung wiederholt das quasi selbstreferentielle Partizip Präsens „verlaufend". Mit Blick auf das Nebeneinander tritt die Ambivalenz von zwanghaft greifender Simultaneität („zugleich" / „gleichzeitig") und ominös-absurder Nebenläufigkeit („parallel verlaufend man weiß nicht warum") hervor.

Nebeneinander oder Panik wahrgenommen, multiples Potential oder bedenkliche Überstrukturierung, weiträumige Interkonnektivität oder „Netztanz". Simultaneität kann Verwirrung oder Beunruhigung auslösen, so dass im Spiel mit der Unverfügbarkeit das irritierte Ordnungsempfinden möglicherweise in Haltlosigkeit umschlägt. Das Ideal der Simultaneität hat eine Kehrseite: die Gleichzeitigkeit der Angst und der Katastrophe. Freilich ist nach biblischer Prediger-Weisheit für die Zeiten gesorgt:

> „Ein jegliches hat seine Zeit, und alles Vorhaben unter dem Himmel hat seine Stunde: [...] weinen hat seine Zeit, lachen hat seine Zeit; klagen hat seine Zeit, tanzen hat seine Zeit; [...]; suchen hat seine Zeit, verlieren hat seine Zeit; [...]; schweigen hat seine Zeit, reden hat seine Zeit; lieben hat seine Zeit, hassen hat seine Zeit; Streit hat seine Zeit, Friede hat seine Zeit."[190]

Dieser Text verzichtet auf die Abstraktion von der Zeit. Er nennt vielmehr nacheinander eine große Anzahl wesentlich zeitverhafteter Momente mit sehr realen Erfahrungsgehalten, die nicht unverbindlich sind. Indem er Paradigmen aus der Vielfalt des Lebens aneinanderfügt, exemplifiziert er – mittels der Aufzählung – die zeitübergreifende Vernunft. Mit Blick auf die innere Struktur der Aufzählung fällt die Wiederkehr des offenbar Gegensätzlichen auf, wobei die einzelnen Paradigmenpaare weder Ausschließlichkeitsbeziehungen noch relativierende Vergleiche darstellen. Vielmehr veranschaulicht die Reihung sowohl die Eigenständigkeit als auch die Fülle der Sphären des Seins, des Tuns, des Befindens.

Broch umschrieb die von ihm erwartete Simultaneisierung der sukzessiven Ausdrucksmomente als Zwang. Er versuchte auf diese Weise eine Ausweitung des ästhetischen Wertesystems zu erreichen. Als eine Art Querschnittformat der modernen Literatur hatte Karl Gutzkow diese Forderung schon vorher erhoben. In der modernen Zeit wandelt sich das Simultanpostulat zu einer skeptisch gesehenen beziehungsweise ironisch genutzten Struktur, wofür die

---

[190] Pr 3,1-8.

Formen der Polemik der nebenläufigen Darstellung bei Max Frisch und Arundhati Roy als exemplarisch angeführt werden konnten. Ein aktueller Aspekt ist das Online-Verhalten, die Gleichzeitigkeit in der elektronischen Kommunikation, worauf sich zum Beispiel Igor Bauersima oder Daniel Kehlmann beziehen. Ein weiteres Motiv der Gleichzeitigkeit und Nebenläufigkeit liegt im Widerspruch von Solidarität und Abstand, der Entfremdung, dem Thema Martin Walsers. In sowohl erkenntniskritischer als auch stilistisch-rhetorischer Hinsicht ist die Ironie der Gleichzeitigkeit bedenkenswert. Diese Seite des Phänomens berücksichtigt David Lodge.

Vor allem bei Samuel Beckett erscheint die Parallelisierung der Denkperspektiven als Bedrängnis; ihre Befolgung zeigt Merkmale der Obsession. Ebenso hat die real-gesellschaftliche Seite des Simultaneitätsprinzips oft beängstigende Züge. Man kann beobachten, dass etwa Multitasking und Vernetzung als Ursachen einer gewissen Überforderungspanik, ja als Alp der Vergleichzeitigung empfunden werden. Manche pragmatische Alltagsgewohnheit der Gleichzeitigkeit – „fernsehen und telefonieren", „telefonieren beim Autofahren", „telefonieren und fernsehen und Emails schreiben", „fernsehen und Zeitung lesen" usw. – gilt als fragwürdig oder herausfordernd, innovativ oder befremdlich. Beim Blick in die Weite oder in die Enge der Gleichzeitigkeit sind simultane Schichten im Bewusstsein, Ironie, Metareflexion und Formen der Synoptik ebenso zu berücksichtigen wie die Tatsache, dass in der heutigen Zeit immer mehr die potenzierte Simultaneität durch simultane Nutzung der verschiedenen, simultan funktionierenden Medien zur Diskussion steht.

Punkt, Mitte, Kreis

„Jch weiß nicht was ich bin / Jch bin nicht was ich weiß:
Ein ding und nit ein ding: Ein stüpffchin und ein kreiß."

(Angelus Silesius)

„Gestochen" und „eingeritzt" sind die Figuren von Punkt, Mitte und Kreis. Der Einstich des Zirkelstachels ermöglicht die regelmäßige, etymologisch aus der Sippe von „kritzeln" und „kratzen" stammende Ringlinie, die endlos in sich selbst zurückführt. Vom Mittelpunkt, welchem der Anschein zukommt, dass alles aus ihm hervorgehe, hält die Kreislinie, welche der bewegliche Zirkelschenkel beschreibt, stets gleich bleibenden Abstand, so dass sie ihren inneren Bezugspunkt, den der Stachel des unbeweglichen Schenkels sticht, nie berührt. Dennoch kann der Kreis, als Umgebungsform, die man fürchtet, die Möglichkeit der Umschlingung verkörpern; aber Dezentralisierung mag gegen das Eingekreistwerden schützen, wie die Zentralperspektive den weiten Blick erlaubt.

In der Geschichte der Weltbilder ist die Frage nach Mitte und Kreis, Zentralpunkt und Peripherie spätestens seit der kopernikanischen Wende akut. Es gehört zu den wesentlichen Irritationen bei der Abkehr vom geozentrischen Weltbild, dass es keinen festen Punkt im Universum mehr zu geben scheint, von dem aus man die Verhältnisse der Wirklichkeit zu betrachten hat. Zwar beschreibt Tommaso Campanella in seiner 1602 entworfenen Sozialutopie „Sonnenstaat" ein visionäres Gesellschaftssystem, das die irdische Umsetzung einer göttlichen Ordnung bezweckt, wobei die Sonnenstadt analog zum heliozentrischen Weltbild angelegt ist: „in sieben riesige Kreise oder Ringe eingeteilt, die nach den sieben Planeten benannt sind." Aber ein halbes Jahrhundert später sagt Blaise Pascal im zweiundsiebzigsten Aphorismus der „Pensées" von der „Größe und vollen Majestät der Natur": „Diese ist eine Kugel, deren Mittelpunkt überall, deren Umfang nirgends liegt."

Der Zweifel an zentraler Fixierung durchzieht vor allem die Neuzeit. Was wie eine Vertreibung aus der Selbstgenügsamkeit in die Disproportion und Desorientierung erscheint, ist freilich auch als perspektivische Öffnung, als konzeptuelle Befreiung zu sehen, vor allem in der modernen Kunst und Literatur als inhaltliche und formale Herausforderung. So ist die Frage, was der Umkreis und was die Mitte sei, immer wieder von Denkern, Dichtern und Sängern thematisiert worden. Die Problematik spiegelt sich in der subjektiven Zerrissenheit eines Faust zwischen mikrokosmischer und makrokosmischer Faszination wider und in seinem ultimativen Drang nach zentraler Gewissheit über die kernhafte Mitte des Seins: „Daß ich erkenne, was die Welt / Im Innersten zusammenhält."

Dante vergegenwärtigte in der „Göttlichen Komödie" das Jenseits in stabiler kreisförmiger Topografie, die Hölle als Trichter, das Paradies als zirkuläre Erweiterung immensen Glanzes: „Mir strahlt' ein Punkt, so glanzentglüht und scharf, / Daß nie ein Auge […] ihm offen trotzen darf"; und „um den Punkt" erscheint „ein Kreis, so schnell geschwungen / In reger Glut, daß er auch überwand / Den schnellsten Kreis, der rings die Welt umschlungen" (übers. K. Steckfuß).

Der Sinn der Figuren von Punkt, Mitte und Kreis im sozialen und ökonomisch-politischen Leben der bürgerlichen Moderne wird beispielhaft deutlich, wenn Theodor Fontane in einer Rezension über Gustav Freytags Roman „Soll und Haben" von 1855 den Kaufmann Anton Wohlfart charakterisiert, indem er schreibt, er sei „zugleich ein Mittelpunkt seines Geschäfts und doch ein Punkt nur in der Peripherie eines großen Kreises, eines Triebrades, das sich der Staat nennt." Das persönliche Ich-Gefühl ist betroffen, wenn Annette von Droste-Hülshoff in ihrem Gedicht „Das Ich der Mittelpunkt der Welt" mit kritischem Unterton sagt:

„Jüngst hast die Phrase scherzend du gestellt:
‚Wer Reichtum, Liebe will und Glück erlangen,

Der mache sich zum Mittelpunkt der Welt,
Zum Kreise, drin sich alle Strahlen fangen'".

Zwischen Welt-Umrundung und Ego-Zentrierung erstrecken sich Deutungsspielräume für Kreise und Punkte in einer Vielfalt der Formvisionen. Wenn die allgemeine Mitte überall und nirgends liegt, dann dämmert dem einzelnen Menschen die Chance, seine eigene Mitte zu suchen: innen oder außen, in der Immanenz oder der Transzendenz, in der Gegenwart oder in einem anderen Umkreis.

Es ist aber ein Unterschied, ob ein Paulus die vollkommen aufgehobene Ich-Zentrierung des Apostels verkörpert – „Ich lebe; doch nun nicht ich, sondern Christus lebt in mir" (Gal 2,20) – oder ob ein Gottfried Benn den Rückzug ins „sich umgrenzende Ich" postuliert. Es ist auch ein Unterschied, ob Rainer Maria Rilke eine animalische Zentrierung im Hin und Her der Schritte eines gefangenen Panthers beobachtet, der einen „Tanz von Kraft um eine Mitte" widergespiegelt, „in der betäubt ein großer Wille steht", oder ob ein Dietrich Bonhoeffer sich an den Begriff der „Mitte des Lebens" hält – namentlich 1944 „zur Befreiung für eine neue Zukunft" – durch den „Hinweis auf Christus, der sich in der Mitte und an den ‚stärksten Stellen' des Menschen" finden lasse. Etwas anderes ist es ferner, wenn einem die Mittelpunktbezogenheit einer Person überhaupt dubios erscheint wie in folgendem Porträt des sechzigjährigen jüdischen Religionshistorikers Gershom Scholem an der Hebräischen Universität Jerusalem durch die Philosophin Hannah Arendt in einem Brief von 1957:

„Im Grunde meint er: Der Mittelpunkt der Welt ist Israel; der Mittelpunkt Israels ist Jerusalem; der Mittelpunkt Jerusalems ist die Universität; der Mittelpunkt der Universität Scholem. Wobei das Schlimmste ist, daß er ernsthaft meint, daß die Welt einen Mittelpunkt habe."

Vom Mittelpunktshochmut, der ein Affekt der Eitelkeit zu sein scheint, ist die geängstigte Mittelpunktsuche zu unterscheiden, die auf verlorenen Halt schließen lässt. So sind die Justierungswünsche des Hamm in Samuel Becketts „Endspiel" aus existentieller Desorientierung gesprochen; sein Los gleicht einem im Koordinatensystem verirrten Punkt, und nicht ohne Nachdruck bittet er seinen Partner Clov, der ihn im Rollstuhl den Bühnenrand entlang fährt, um eine mittlere Position im Raum der Suche nach leidlichen Konditionen des Seins:

> „Eine Runde um die Welt. […] Dann wieder zurück in die Mitte. […] Ich stand doch genau in der Mitte, nicht wahr? […] Stehe ich genau in der Mitte? […] Stehe ich ungefähr in der Mitte? […] Ich fühle mich etwas zu weit links. […] Jetzt fühle ich mich etwas zu weit rechts. […] Ich fühle mich etwas zu weit vorn. […] Jetzt fühle ich mich etwas zu weit zurück."

Das Gefühl einer Mitte im nicht gesehenen Raum soll die Panik bezwingen. Die zitierte Textstelle evoziert das Bewusstsein von einer (reduzierten) Außenwelt, die – wie ein Kreis erfahrbar – das Subjekt umgibt, und eines subjektiven „mittleren" Ortes, zu dem das Ich „zurückkehren" kann. Diese Konstellation erscheint unentfremdet, aber sie ist nicht stabil.

Auf einer Kreislinie kann jeder Peripheriepunkt auch der Zentralpunkt eines anderen Kreises sein, auf dessen Bahn zum Beispiel der vorher als zentral gedeutete Punkt nun als Trabant erscheint. Darüber hinaus lassen sich periphere Mittelpunkte ausmachen, deren eigene Umkreise sowohl Zentren als auch Peripheriepunkte vieler anderer rotierender Bahnen enthalten können, so dass sich schließlich jeder Punkt gleichzeitig durch zentrale und periphere Eigenschaften definieren ließe. Wenn jeder der Punkte mit einem Bewusstsein ausgestattet wäre, dann würde sein zersprengt erscheinendes Befinden, wollte es mehreren der angedeuteten Ortungen genügen, dem wilden Taumel ähneln, der von Schleuderkarussells verheißen wird.

Desorientierungseffekte (beispielsweise aufgrund präziser Vektorenberechnung in Bewegungsabläufen) würden vermeintlichem Vergnügen dienen. Graziöse Kinetik geht aber, wie Heinrich von

Kleist im Aufsatz „Über das Marionettentheater" gezeigt hat, über die technische Intelligenz hinaus oder hebt sie auf. Kleist sieht im bewusstlosen Kräftemittelpunkt einer Marionette das Prinzip von Bewegung und Schönheit. Es sei „entweder gar keins, oder ein unendliches Bewußtsein" vorauszusetzen, damit die schwerpunktbezogenen Kräfte – in der Bewegung der Gliederpuppe wie im Vollzug des Lebens oder im sozialen Prozess – sich schwingend entfalten und die Glieder – von weiser Zentralregie gehalten – tanzen.

Im Zeitalter der visuellen Medien tanzen die bewegten Bilder. Das Kino, schreibt Gilles Deleuze, „konstituiert eine autonome, mittelpunktlose Welt [...] und richtet sich an einen Zuschauer, der selbst nicht mehr Zentrum seiner eigenen Wahrnehmung ist." Fürwahr, wir lassen uns vom Zoom der Kamera oder der Animation tief in ein kernhaftes Inneres ziehen und genießen jedes Mal den Augenschmaus, wenn die Vorwärtsfahrt im letzten Moment in eine Explosion der Perspektiven übergeht, die noch tiefere Fernen und höhere Weiten eröffnet. Wir sehen, wie eine unendliche Verengung sich zur überdimensionalen Vergrößerung umstülpt und Reduktion am Ende – kurz vor dem Extrempunkt simulierter Beschleunigung – zur multiplen Verzweigung wird. Die computergesteuerten Kurvenflüge von Studiokameras erinnern an Planetenbahnen, und zu den zoom- und schnitttechnischen Transzendierungen von vogelperspektivischen Landschaften und kosmischen Horizonten lässt sich anmerken, dass sie Vorstellungen von Welterweiterung und Bilder romantischer Sehnsucht in äußerster Perfektion trivialisieren.

Wie Kontraktion und Expansion lebendig zusammenwirken, so lassen sich auch Sammlung und Streuung als gegensätzliche Prinzipien verstehen, die aufeinander angewiesen sind. Das Sammeln setzt das Zerstreute voraus, und die Streuung geht von etwas Konzentriertem aus. Umgebungen werden nicht nur durch ihre Ränder, sondern auch durch ihre Mittelpunkte gehalten, und die Mittelpunkte strahlen auf die Umgebungen aus.

Wenn – um allgemeine Beobachtungen zusammenzufassen – einerseits vermehrte Tendenzen zu wirtschaftlicher, sozialer und politischer Zentralisierung, zu zentraler Standardisierung in der europäischen Bildungspolitik und nicht zuletzt zu urbanen Zentrumsgestaltungen auffallen, andererseits in den öffentlichen und privaten Verhältnissen azentrische Strukturen erlebt werden, dezentrale Vernetzungen entstehen und periphere Welten in den Vordergrund rücken, dann könnte man von einem offenbar ungeduldigen Changieren der Punkte und Kreise, Fokusse und Umwelten, Zentren und Peripherien sprechen. Wie Mittelpunkte erstarken oder schwinden mögen, so sind Ränder fähig, das Abseits zu perpetuieren, aber auch Kräfte einer rundlaufenden Ordnung zu zeigen. Umkreise bedrängen oder verbinden, Zentren können, zumal als Zentren der Macht, lebensfeindlich dominieren und ebenso, als Zentren des Geistes, lebendige Impulse vergeben. Zentralen Punkten eignen Merkmale der Isolation und auch des Extremen; davon ist der Verbund der Positionen, die ein Kreis aneinander knüpft, zu unterscheiden.

Die Disparität von Fokus und Umkreis wäre ein Bild der Entfremdung von Innen und Außen, Kern und Hülle, Selbst und Leben. Dann geschähe die Versöhnung durch den Zustand, der von beiden Formen wechselseitig angestrebt wird. Der Kreis sucht ein Zentrum; das Zentrum sucht einen Kreis. Das System neigt zur kreisförmigen Geschlossenheit, es möchte zentral orientiert sein, es sucht die Mitte; die Mitte bezieht sich auf ihr Äußeres, sie möchte rundum wirken, sie sucht sich dafür den Kreis.

Diese Situation, wonach dem Kreis noch keine Mitte und der Mitte noch kein Kreis gegeben wäre, lässt sich kaum abbilden. Aber es gibt eine Beschreibung eben dieses (fiktiven) Bildes in Samuel Becketts Roman „Watt". Der Titelheld, der ein Antiheld ist, betrachtet an einer Stelle ein Gemälde:

> „Ein offensichtlich mittels eines Zirkels gezeichneter und an seinem niedrigsten Punkt unterbrochener Kreis nahm die Mitte des Vordergrundes dieses Gemäldes ein. Entfernte er sich? Watt hatte

den Eindruck. Im östlichen Hintergrund war ein Punkt oder Fleck. Die Kreislinie war schwarz. Der Punkt war blau, so blau! Der Rest war weiß."

Die Wahrnehmung dieses Bildes entfaltet sich in permutativen Mutmaßungen über

„einen Kreis und seine Mitte auf der Suche nacheinander, oder einen Kreis und seine Mitte auf der Suche nach einer Mitte beziehungsweise einem Kreis […] oder einen Kreis und eine Mitte, die nicht seine Mitte wäre, auf der Suche nach einer Mitte beziehungsweise einem Kreis oder einen Kreis und eine Mitte, die […]."

Die Serie der Möglichkeiten ist nicht schnell zu erschöpfen. Ihr Auslöser ist reines Fragen – zum Beispiel, „wie lange es dauern würde, bis Punkt und Kreis sich in derselben Ebene einfinden würden", oder ob Punkt und Kreis „einander gesichtet hätten, oder ob sie blindlings so flögen". „Wer weiß, sie könnten sogar aufeinander prallen."

In den Mind Maps des Verstehens und der Seele sind Zirkel und Punkt, Kreis und Mitte elementare Formen der Orientierung. Das Zentrale ist dasjenige, wonach die Kreise des Lebens suchen, wie die Mitte etwas ist, das offensichtlich nach Umrundung verlangt. So verwendet, was die Vereinigung von Punkt und Kreis betrifft, die Barock-Lyrikerin Catharina von Greiffenberg in einem Sonett über die Hinwendung zu Gott das allegorisierende Bild vom „mittel punct / in dem mein Zirkel […] hafften bleibt".

Der barocke Dichter Johannes Scheffler alias Angelus Silesius schreibt unter der Überschrift „GOtt ist mein Punct und Kreiß": „GOtt ist mein mittelpunct wenn ich Jhn in mich schlisse: / Mein Umbkreiß dann / wenn ich auß Lieb' in jhn zerflisse." Angelus Silesius gestaltet mehrmals die Figur des Übereinstimmens von Selbstbezüglichkeit und metaphysischer Zentrierung. Unter der absurd erscheinenden Überschrift „Der Kreiß im Puncte" heißt es:

„Als GOtt verborgen lag in eines Mägdleins Schoß / Da war es / da der Punct den Kreiß in sich beschloß."

Diese Stelle zitiert Günter Grass in seiner Erzählung „Das Treffen in Telgte", einer ins siebzehnte Jahrhundert verlegten Schlüsselgeschichte über die Gruppe 47. Dabei lässt er deutlich werden, wie provozierend die Bildsprache des jungen Johannes Scheffler, zumal durch die geschlechtlichen Konnotationen, gewirkt haben mag. Paul Gerhardt ist empört über Schefflers „Täuschwerk und Schwärmerei". „Er warne vor dem falschen Glanz des Gott mißbrauchenden Widersinns." Auch der evangelische Pfarrer und spätere Poeta laureatus Johann Rist beteiligt sich an der Diskussion, um Paul Gerhardt beizupflichten, bevor schließlich „der Lutheraner Gryphius" für Scheffler Partei ergreift. Während Gerhardt, in Grass' Darstellung, wohl vor frommem Ästhetizismus und spekulativem Formalismus warnen möchte und Rist „womöglich papistisches Gift in dem Schnickschnack" vermutet, würdigt Andreas Gryphius die Sicht Schefflers als ungewohntes, aber willkommenes Sinnangebot: „So fremd sie ihm sei, so wohl tue ihm die Anmut dieser sich wundersam schließenden Ordnung."

Die so umschriebene Verblüffung über den Sinn des scheinbaren Widersinns mag unter dem Aspekt der poetischen Zuspitzung schon auf Barthold Heinrich Brockes' „Irdisches Vergnügen in Gott" (seit 1721) hindeuten und weist zugleich auf die kosmologische Dichtervision Dantes zurück, bei dem sich die Figur der Gleichheit von Punkt und Umkreis ebenfalls findet; er spricht vom „Triumph, der ewiglich im Tanz / Den Punkt umkreist, der alles hält umschlungen, / Was scheinbar ihn umschlingt als lichter Kranz." Die Verfremdungen sind ähnlich. Die Veranschaulichung einer großartigen Weltsicht und die feingeistig allegorisierende Gläubigkeit imaginieren eine gewagte Schleife: die Inversion von Punkt und Kreis, durch welche die auf Fokussierung und Umrundung bezogene Reflexion ihre eigenen Denkfiguren auf die Probe stellt. Die transzendentale Ironie scheint auf, wenn Kleist die unendliche Fluchtpunktsverlagerung als Bedingung der Möglichkeit einer Erkenntnis postuliert, die den konzentrierten Blickpunkt aus universaler Sicht ableitet. Kleist greift weit aus; und wenn er im Doppelvergleich zur Sprache bringt,

> „wie sich der Durchschnitt zweier Linien, auf der einen Seite eines Punkts, nach dem Durchgang durch das Unendliche, plötzlich wieder auf der andern Seite einfindet, oder das Bild des Hohlspiegels, nachdem es sich in das Unendliche entfernt hat, plötzlich wieder dicht vor uns tritt,"

dann bezieht er den Punkt verdichteter Nähe auf die äußerste kosmische Ferne und vereinigt den Fokus mit der größtmöglichen Öffnung der Perspektive.

Von der Schau des Weltbildes (Dante), der Allegorie der Sinn-Mitte (Scheffler) und der reflektierten Überschreitung der Horizonte (Kleist) behält Samuel Beckett die Elemente der geometrischen Abstraktion – Mitte und Kreis – bei. Sie tragen gewisse Merkmale der Nachlässigkeit („unterbrochener Kreis", „Punkt oder Fleck") und scheinen der universalen Entfremdung preisgegeben zu sein; aber indem der Autor sie wie deren Gleichnis darstellt, beschneidet er zugleich den metaphysischen Anspruch und lässt freien Raum entstehen für die reine und ungenierte Rührung des Betrachters. Als wäre es eine kommentierende Fortschreibung von Schefflers Verwunderung „Jch weiß nicht was ich bin [...]: Ein ding und nit ein ding: Ein stüpffchin und ein kreiß", heißt es in „Watt":

> „[...] und bei dem Gedanken, daß es dies vielleicht sei, ein Kreis und eine Mitte, die nicht seine Mitte wäre, auf der Suche nach einer Mitte beziehungsweise seinem Kreis, in grenzlosem Raum, in endloser Zeit, füllten sich Watts Augen mit Tränen, die er nicht zurückhalten konnte, und sie rannen hemmungslos seine ausgekehlten Wangen hinab, in einem unablässigen, höchst erquicklichen Strom."

Zur Geschichte der Spaßgesellschaft
Über Goethes „Vorspiel auf dem Theater"

„Gebt ihr euch einmal für Poeten,
So kommandiert die Poesie."

(Goethe, „Faust", „Vorspiel auf dem Theater")

Goethes „Vorspiel auf dem Theater" ist ein klassisches Beispiel medialer Selbstdarstellung: Bühne der Bühne. Da geht es um Prinzipien, Mustergültiges, einfache Größe. Der Direktor sorgt sich wegen der öffentlichen Wirkung, der Dichter verteidigt die Substanz der Literatur, die Lustige Person fordert Aktualität und Unterhaltung. Die drei zusammen reflektieren so kritisch wie ermutigend die Lage der Kunst. Die zentrale Fragestellung lautet: „Wie machen wir's, daß alles frisch und neu / Und mit Bedeutung auch gefällig sei?" Aus vielen der artikulierten Gedanken lassen sich Anregungen für heutige Mediendiskussionen gewinnen.

Insbesondere wird die Empfänglichkeit für visuelle Reizung deutlich, und es ist feststellbar, dass sich massenhafter, populistischer Erfolg vor allem den Anschaulichkeiten verdankt:

„Man kommt zu schaun, man will am liebsten sehn.
Wird vieles vor den Augen abgesponnen,
So daß die Menge staunend gaffen kann,
Da habt Ihr in der Breite gleich gewonnen,
Ihr seid ein vielgeliebter Mann."

Zugleich erscheinen wie in gewohnter Reklame die Begriffe wachstümlicher Verheißung und schön anmutender Unverbrauchtheit – „alles frisch und neu" – als Reizwerte, die – „mit Bedeutung auch gefällig" – eine behagliche Selbstgenügsamkeit des Geschmacks bedienen. Dass imponierende Effekte zwar als vergänglich zu durchschauen sind, das Substantielle aber die Zeitläufte nicht zu fürchten hat, wird gelassen anerkannt: „Was glänzt, ist für den Augenblick geboren, / Das Echte bleibt der Nachwelt unverloren." Auffällig ist, dass die gegenwartsbezogene Attraktion bei Goethe durch eben den Begriff verteidigt wird, der in der Fun-Gesellschaft und durch deren Aktualitäten-Gier den Ruf der Verflachung hat: „Wer machte denn der Mitwelt Spaß?" Was in Anbetracht der Massenmedien oft gedankenlos und geschwätzig als Trivialität behandelt und vernichtend diskutiert wird, behält im wortgetreuen Gedankenaustausch seine unentfremdete Bedeutung.

Spaß, Neuheit und Unterhaltung sind eng miteinander verknüpft. Dabei ist das Jetzige des Events vom Standpunkt der Erwartungen des Publikums nicht nur das Unterhaltende, sondern auch das Festliche: „Und jedermann erwartet sich ein Fest." Künstlerischer Glanz und überdauernde Substanz sollen sich mit der Aura der Feierlichkeit verbinden. In der Eventisierung verbirgt sich der Urcharakter des Kults – bei Goethe noch beschworen als „Weihe". Wenn auf diesem Anspruchsniveau sich künstlerische Produktion adressatenbewusst und rezipientenfreundlich gibt, dann kann die souveräne Sicht freilich auch zur Anmaßung werden, wodurch die Empfänger wie eitle Konsumenten erscheinen, auf die man hinabschaut: „O sprich mir nicht von jener bunten Menge, / Bei deren Anblick uns der Geist entflieht." Befriedigung von Erwartungen erweist sich als ein Phänomen des gezielt herbeigeführten Einverständnisses: „der Menge zu behagen". Vielleicht aber finden sich Kraftzentren von geistiger Autonomie im Publikum: „Sie sitzen schon mit hohen Augenbrauen / Gelassen da und möchten gern erstaunen."

Hierbei kann sich im Dualismus von Wahrheitsanspruch und Scheincharakter der Kunst (der Dichtung, des Theaters) eine gewisse Mittellage des Vergnügens zwischen der zeitvertreibenden („niederen") Unterhaltung und der („höheren") Erbauung einstellen. Das Wesensmerkmal des Scheins der Kunst wird bei Goethe genauso vorausgesetzt wie ihre Bestimmung als Mittel der Erkenntnis und ihr performativer Charakter. Der Dichter sagt es mit den Worten: „Ich hatte nichts und doch genug: / Den Drang nach Wahrheit und die Lust am Trug."

In der informationszentrierten Gesellschaft, worin die funktionalisierbaren Kenntnisse vorherrschen, mag das Verlangen nach Gegengewichten gegen die sture Macht der Daten entstehen, und zwar am Ende dadurch, dass man dem bloß oberflächlich Scheinhaften, schließlich dem Liederlichen einen wohltuenden Selbstzweck zumisst. Das beliebig-beliebte Funktionspaket, das die Medien versenden, mag dann mit aufgeklärtem Stolz noch als Infotainment geschätzt werden. Dichtung jedoch, die etwas Unerschütterliches bezweckt, hätte Formate zu fundieren und die Integration von Geisteskräften zu leisten. Unabweislicher Testamentscharakter eignet deshalb den Klassikern aller Zeiten, den kanonischen Werken und epochemachenden Sätzen, den Losungen, Deklarationen und Grundsatzartikeln, den Mythen, mythologischen Überlieferungen und Mythos-Varianten, den Schlüsseltexten der Religionen und den geschriebenen oder bildhaft konservierten Zeugnissen der Menschheitsgeschichte: „Wer", fragt der Dichter in nicht nur rhetorisch stolzer Selbstreferenz, „sichert den Olymp? vereinet Götter?" Dagegen wirkt etwa die Lesekompetenz der Feuilleton-Genießer wie schrill empfangenes Hintergrundrauschen: „Zwar sind sie an das Beste nicht gewöhnt, / Allein sie haben schrecklich viel gelesen." Die „Kultur" des Mitredens scheint verwirrt durch das Vernetzt- und Verstricktsein der Wege von Information, Präsentation und des Machens öffentlicher Meinungen. In einer Zwischenwelt aus Kommunikation, Sensation und kommerziellen Synergieeffekten geschehen Rückkopplungen, worin sich intermediale Begehrlichkeiten, die zum Beispiel auf Präsenzgier und Wiedererkennung ausgerichtet sind, Geltung zu verschaffen suchen.

Der Wettbewerb der Effekte und erhofften Zeichen von Resonanz spiegelt sich beispielsweise im Plaudern übers „Making of". Die Neigung zur Selbstreferenz ist wesentlich in der performativen Kultur, wo die autothematische Ironie beispielsweise im Theater eine lange Tradition hat. Als ginge es unentwegt um sensationsorientierte Inszenierungen und ehrgeizige Theaterexperimente, heißt es bei Goethe: „Ihr wißt, auf unsern deutschen Bühnen / Probiert ein jeder, was er mag." Diese Beobachtung, die der Direktor ausspricht, bezieht sich auf das Subjektive und Partikuläre kreativer Versuche. Präsentationen präsentieren Präsentationsideen. Unterhaltung treibt Jux mit Belustigungsproben. Gegeben wird Programm: Entwürfe von Darbietung und ihrer Wiederkehr. Während in den Medien eine eher selbstzweckhafte Bezugnahme auf medienspezifische Themen wahrzunehmen ist, kann über die Literatur der Neuzeit bemerkt werden, dass deren eigene Reflexion – von der humorvollen Selbstbespiegelung bis zur Ästhetik der Autogenese, von der transzendentalen Ironie bis zur Dekonstruktion – meistens sehr raffiniert ist und ein prinzipiell kritisches Niveau besitzt. Hinzuweisen wäre auf Literatur-Satire und Metaroman, auf „Philosophy of Composition" (Poe) und literarisierte Literaturkritik, auf anti-literarische Literatur, poetologische Lyrik, Dichtung in zweiter Potenz, Theater-Theater usw. Goethes „Vorspiel auf dem Theater" ist paradigmatisch für ästhetischen Diskurs über Literatur in der Literatur selbst. In allgemeiner Hinsicht kann die kreative Selbstbefangenheit, die ein Kennzeichen reflektierter Kunst ist, auch als Indiz für Legitimationsbedarf interpretiert werden. Zwischen der skeptischen und der bejahenden Variante auktorialen Bewusstseins, zwischen Selbstzweifel bis zum Verstummen und Selbstentschlossenheit bis zur Überforderung versuchen Autoren und Künstler stets erneut ihren Auftrag zu entziffern.

Bei Goethe erscheint Leben als die Fülle, aus welcher die Dichtung sich frei bedienen soll. Dieses „Nehmen" wird dabei nicht nur kognitiv als Begriff und Anschauung verstanden, sondern eher im Sinne des realen Zupackens und prometheischen Gestaltens: „Greift nur hinein ins volle Menschenleben! / Ein jeder lebt's, nicht vielen ist's bekannt, / Und wo ihr's packt, da ist's interessant." Gemäß der Anschauung Fausts, dass „logos" mit „Tat" zu übersetzen sei, ist künstlerische Erkenntnis eine subjektzentrierte Tathandlung, die ins Gegebene eingreift. So verwendete Theodor Fontane die erste und die dritte Zeile dieser Empfehlung als Autoritätszitat zur Absicherung des ästhetischen Konzepts der Lebensnähe im bürgerlichen Realismus. Das „volle Menschenleben" meint die Unermesslichkeit der widersprüchlichen Erscheinungen; es ist, wie die Lustige Person sagt, „interessant", und seine Gestaltung darf zwischen ästhetischer Unverbindlichkeit, lässlichen Wirrungen und brillant reduzierter Metaphysik changieren: „In bunten Bildern wenig Klarheit, / Viel Irrtum und ein Fünkchen Wahrheit."

Das kritische Wesen der Literatur, ihre negative Profession und Neigung zum Verweigern macht sie zur Abkehr vom Falschen und Unwahren fähig. Literatur kann Freiheit formulieren, Aufklärung fördern oder zu entfesseln versuchen, kathartische Initiationen thematisieren oder auslösen und nicht zuletzt von sich selber (wie im metaliterarischen „Faust"-Vorspiel) handeln; ihr Einfluss setzt offene Rezeptivität und Bewusstsein des Unfertigen voraus: „Wer fertig ist, dem ist nichts recht zu machen; / Ein Werdender wird immer dankbar sein." Die Lustige Person lässt zudem erkennen, dass die Animation von Bildung auch als ein Gewinn an witziger Pointierung zu schätzen ist, und benutzt aus dem Wortfeld des Esprits neben „Spaß" auch die Begriffe „Narrheit" und „Laune". Entsprechend äußert sich der Dichter sowohl über die „reine Freude" und „unsres Herzens Segen" als auch die „Lust".

Wo die dichterische Substanz rauschhaft erregend wirkt, erscheint die Poesie als Gebräu: „So wird der beste Trank gebraut, / Der alle Welt erquickt und auferbaut." Dies ist als hochprozentige Labsal gemeint, auf die man nicht zu lange warten möchte: „Wir wollen stark Getränke schlürfen; / Nun braut mir unverzüglich dran!" Das „Gebraute" hat den Nebensinn des Angerichteten und des Aufgesetzten sowie des Vermischten – vom Synthetischen bis zum Dräuenden und Kriselnden. Der „beste Trank" aber erinnert an die Doppelnatur von Genuss und Begriff, von „Spiel" und „Offenbarung". Darin spiegeln sich Experimentierfreude und geistiggeistliches Verstehen.

Nicht zuletzt bezeugen die Worte des Direktors seinen professionellen Zynismus: „Sucht nur die Menschen zu verwirren, / Sie zu befriedigen, ist schwer – – / Was fällt Euch an? Entzückung oder Schmerzen?" Dagegen argumentiert der Dichter durch den Hinweis, dass seine Arbeit nicht aus beliebigen Anwandlungen entstehe oder auf Stimmungsausdruck bzw. Effekte hin kalkuliert sei; vielmehr habe er ein universales Ziel vor Augen: „Wodurch bewegt er [der Dichter] alle Herzen? / Wodurch besiegt er jedes Element? / Ist es der Einklang nicht, der aus dem Busen dringt / Und in sein Herz die Welt zurücke schlingt?" In der Empörung, die aus Anspruch und Auftrag hervorgeht, reduziert sich die Argumentation schließlich aufs selbstsichere rhetorische Fragen: „Wer ruft das Einzelne zur allgemeinen Weihe, / Wo es in herrlichen Akkorden schlägt?" Und doch ist andererseits die subjektive Rezeption – sogar im Sinne eines Wunschdenkens des Publikums – unbestritten: „Dann wird bald dies, bald jenes aufgeregt / Ein jeder sieht, was er im Herzen trägt." Dies sagt die Lustige Person; aber der Direktor hat es vorher – auf das Faktum der Nivellierung in der Programmvielfalt als Preis für durchschnittlichen Zuspruch hinweisend – auch schon gesagt: „Wer vieles bringt, wird manchem etwas bringen."

Die Häufung von Befehlsformen in den Dialoganteilen des Direktors („Ich sag euch, gebt nur …" – „Nun braut …" – „Gebrauchet …" – „So schreitet …" – „ Und wandelt …") indiziert tätigen, handwerklichen, „poietischen" Auftrag. Den poetischen Imperativ, der auch ein poetologischer ist, könnte man das genieästhetische Direktorenkommando nennen: „Gebt ihr euch einmal für Poeten, / So kommandiert die Poesie." Die kategorisch wirkende Forderung ästhetischer Souveränität scheint auf eine einfache Lösung der Frage „Wie machen wir's …?" zu drängen. Aber sie treibt nicht vordergründig zu Mutwilligkeit und willkürlicher Nutzung artistisch-technischen Könnens an, sondern postuliert Spaß und Bedeutung durch das schöpferische Machtwort aus dichterischer Freiheit. Dadurch mögen Vorurteile provoziert werden, die im Mythos von der prometheischen Allmacht des Dichters zentrieren. Auf die Deutung im Sinne des Herrischen und Gebieterischen hat

Kurt Tucholsky deshalb mit den Versen repliziert: „Und kommandiere ich auch noch so laut: / Die Muse ist doch schließlich keine Braut!" Im Rollentext der Lustigen Person unterlässt Goethe es freilich nicht, die notwendige Einsicht in die Unverfügbarkeit und die tiefere Torheit der Dichtung zu akzentuieren: „Laßt Phantasie, mit allen ihren Chören […], / Doch, merkt euch wohl! nicht ohne Narrheit hören."

Der Narr ist sowohl derjenige, der den Mut besitzt, sich lächerlich zu machen, als auch derjenige, der begnadet ist, aus diesem Mut zu schöpfen. Dabei wäre vielleicht eine ungewisse Zerrsicht der Rezipienten zu unterstellen. So lässt sich etwa der Begriff der „Torheit der Predigt" (1 Ko 1,21) im Spiegel des Argwohns der Adressaten verstehen. Das Postulat einer performativen „Narrheit" des Künstlers verweist auf die Nutzung der poetischen Lizenz, die keine Selbstherrlichkeit ist. Während im Respekt vor der Vielfalt der Stimmen und Perspektiven poetisches Selbstbewusstsein wächst, begleitet närrische Freude die Kreativität aus Dankbarkeit fürs indisponible Gelingen und springt aufs Publikum über: Spaß als fröhliches Bewusstsein beim Sehen und Erstaunen.

III. Teil

/ beckett, etwas nervös /

Ein Stück Literaturgeschichte des zwanzigsten Jahrhunderts
Samuel Beckett 1961 in Bielefeld

„Bielefeld war ein großer Erfolg und der Sänger ganz wunderbar." Dies schrieb Samuel Beckett im März 1961 an einen seiner engsten Freunde, den Dichter und damaligen Direktor der „National Gallery of Ireland" Thomas MacGreevy (1893-1967). Der Sänger war ein achtundzwanzig Jahre alter Baritonist aus Amerika: William Dooley. Der Erfolg betraf ihn und die Ein-Mann-Oper „Krapp oder Das letzte Band" des rumänisch-französischen Komponisten Marcel Mihalovici (1898-1985) nach Becketts Stück „Krapp's Last Tape". Mihalovici hatte die Partitur zu Krapp op. 81 im Juli 1960 vollendet. Die Premiere, zu der Beckett gekommen war, fand in Bielefeld am 25. Februar 1961 statt.

Am 3. und 4. Juli 1961 zeigte das Bielefelder Theater dann beim Festival „Théâtre des Nations" in Paris die Oper neben Winfried Zilligs „Die Verlobung in St. Domingo" nach der Novelle von Heinrich von Kleist. Unter der Überschrift „Geschichte des Theaters in Bielefeld" findet sich im Internet der Hinweis: „William Dooley gewinnt dabei als Krapp den ersten Preis für die beste sängerische und darstellerische Leistung des Jahres."

Für Beckett war es anscheinend ein besonderes Jahr: Anfang März 1961 trug Adorno, der Beckett später die „Ästhetische Theorie" widmen wollte, in Frankfurt, wo der Autor anwesend und wegen besonderer Interpretationsfehler des Philosophieprofessors ein bisschen eingeschnappt war, den „Endspiel"-Aufsatz vor; ebenfalls 1961 bekam Beckett den „Prix International des Éditeurs", am 17. September wurde in New York sein Stück „Happy Days" uraufgeführt, am 25. März 1961 heiratete er Suzanne in England und 1961 war er, zeitlich vor alledem, Ende Februar auch in Bielefeld.

Am 8. März 1961 berichtete das Magazin „Der Spiegel" über Becketts Bielefeld-Besuch. Dort liest man auch, Beckett habe „in der Bielefelder Buchhandlung Velhagen & Klasing mit Primanern des Bielefelder Ratsgymnasiums über seine Arbeit gesprochen." Erneut aufmerksam konnte man durch die Nummer 69 (2005) von „Decision" werden. Herausgeberin Stefanie Weh verweist darin unter anderem auch auf Beckett in Bielefeld.

Über diese Dinge tauschte ich mich – zunächst beiläufig – mit einem Ehemaligen des Bielefelder Ratsgymnasiums, Helmut Niemeyer (geb. 1931, Autor für „Merkur") aus. Er berichtete mir, dass der Lehrer, der das Treffen zwischen den Schülern und dem damals in Bielefeld weilenden Beckett organisiert hatte, Horst Breckwoldt gewesen sei. In einem Brief vom 2. September 2007 aus Marburg schrieb er: „1961 war Beckett auch in der Buchhandlung von Velhagen & Klasing […]. Dort unterhielt er sich mit Schülern des Ratsgymnasiums, arrangiert hatte das, meine ich, Horst Breckwoldt, damals Lehrer an der Schule, später in Athen und Washington." Beckett habe beispielsweise auch von „Effi Briest" gesprochen.

Horst Breckwoldt lebt heute in Bonn. Eines Samstags im März 2008 sprachen wir am Telefon miteinander. Er sei gerade von einer Reise zurückgekehrt, ich informierte ihn auf seine Nachfrage über literarische Veröffentlichungen, Breckwoldt lobte meine Übersetzung des französischen Gedichts „Rue de Vaugirard", die er gelesen hatte, er plädierte engagiert für Dienste im Ausland (Begründung: „Kein Prophet gilt etwas in seinem Vaterlande", Lk 4,24), und schließlich erzählte er über Beckett 1961 in Bielefeld. Der große Dichter und spätere Nobelpreisträger sei nicht besonders kommunikativ gewesen, seltsam, ein „Sonderling".

Der Forschung geläufig ist (nach James Knowlson, den Beckett als den besten Kenner seines Werks bezeichnet hat) über Beckett 1961 in Bielefeld dies:

„Gegen Ende Februar fuhren Beckett und Suzanne nach Bielefeld zur Premiere der Krapp-Oper ihres Freundes Marcel Mihalovici an den Städtischen Bühnen. […] Suzanne reiste mit ihrer Freundin Marthe Gautier über Düsseldorf nach Bielefeld, während Beckett Mihalovici begleitete. Der Bühnenbildner Matias war auch dabei."

Bekannt ist ferner, dass Beckett sich in Bielefeld auf signifikante Selbstaussagen einließ – einerseits in der ihm meistens zugeschriebenen Zurückhaltung, andererseits auch, wenn Biograph Knowlson sich nicht irrt, erstaunlich offen. Knowlson schreibt:

> „Höchst ungewöhnlich für Beckett war es, daß er sich Mihalovici zuliebe herabließ, am Vorabend der Premiere an einer öffentlichen Diskussion des Werks teilzunehmen. Man hatte ihn um ein Schlusswort gebeten. Während der Ansprachen des Bielefelder Intendanten Joachim Klaiber, des Musikdirektors Bernhard Conz und schließlich des Komponisten Mihalovici rutschte Beckett unruhig auf seinem Stuhl herum. Und als er dann von Dr. Klaiber aufgefordert wurde, sich zur Oper und allgemein zu seinem Werk zu äußern, stand er auf, blickte fast verstohlen um sich und sagte leise aber bestimmt: ‚Eigentlich will ich gar nichts über meine Arbeit sagen.' Und setzte sich unvermittelt wieder hin, sehr verlegen, aber auch, wie es schien, enorm erleichtert, so glimpflich davongekommen zu sein."

In der Buchhandlung jedoch „ging er in einer Diskussion mit Abiturienten bereitwillig auf deren Fragen ein und vergaß entweder oder überwand seine Befangenheit angesichts der Begeisterung der jungen Leute."

Beim Gespräch mit Beckett stellten die Schüler des Ratsgymnasiums dem Autor verschiedene Fragen und er habe ihnen – wenn auch scheinbar ausweichend – geantwortet. Breckwoldt erzählte, er habe Beckett danach ins ehemalige Ratscafé gegenüber vom Rathaus zu einem Essen eingeladen. Der Schriftsteller sei dabei nicht gerade redselig gewesen.

Das Bielefelder Gespräch ist gleichwohl zu einem Stück Literaturgeschichte des zwanzigsten Jahrhunderts geworden. Knowlson über Beckett:

> „Einige seiner Einlassungen bei dieser Gelegenheit waren wohl mitstenographiert worden, denn sie erschienen später in der ‚Mykenae Theaterkorrespondenz' und bald darauf auch in ‚Spectaculum', der Suhrkamp-Reihe für Theatertexte."

Demnach hat Beckett 1961 in Bielefeld vor den Abiturienten gesagt:

„Für mich ist das Theater keine moralische Anstalt im Schillerschen Sinne. Ich will weder belehren noch verbessern noch den Leuten die Langeweile vertreiben. Ich will Poesie in das Theater bringen, eine Poesie, die das Nichts durchschritten hat und in einem neuen Raum einen neuen Anfang findet. Ich denke in neuen Dimensionen, und im Grunde kümmert es mich wenig, wer mir dabei folgen kann. Ich konnte nicht die Antworten geben, die man erhofft hatte. Es gibt keine Patentlösungen."

Diese Sätze sind in die Theatertheorie und Poetik der jüngeren Moderne und der Postmoderne eingegangen. Waren die Fragen typische Primaner-Fragen? Ein bisschen hat es den Anschein. Wenn Beckett sich gegen die „moralische Anstalt im Schillerschen Sinne" abgrenzte (worin eine geläufige Deutschlehrerfragestellung mitzuschwingen scheint), dann möchte man vermuten, dass dieser Fragebezug im Hintergrund didaktisch absichtsvoll vorbereitet war. Die Ironie in Becketts legendärer Aussage, dass er „nicht die Antworten geben" könne, wird bei aufmerksamen Zuhörern nachgewirkt haben. Die dramaturgiegeschichtlich markante Äußerung des Theaterdichters, er wolle die Bühne poetisieren, wurde später von Max Frisch in einer These zu Beckett versus Brecht sinngemäß wiederholt. Das war in Bielefeld also mehr als ein Deutungsangebot; es war ein wahres Interpretationsgeschenk durch den Autor. Das Künstlerwort von der „Poesie, die das Nichts durchschritten hat und in einem neuen Raum einen neuen Anfang findet", mag nicht von jedem verstanden worden sein. Aber es ist nachvollziehbar, dass etliche Schüler das „Krapp"-Stück als neuartig geschätzt haben könnten, weil damals das Tonbandgerät, welches darin die Rolle eines herausfordernden Mediums der Erinnerung und der Freilegung zerrissener Identität spielt, sehr in Mode war.

Wie Horst Breckwoldt mir in einem Brief am 30. März 2008 schrieb, schien ihm das Zusammentreffen mit Samuel Beckett in

Bielefeld eher kurz und flüchtig gewesen zu sein. Freilich tun sich im Beiläufigen manchmal Abgründe oder Horizonte auf. Während die Welt hofft, dass die Kommunikation mit ihr sei, identifizieren die Künstler das Nichtidentische. So fällt beim Blick auf die Beckett-Tage im Februar 1961 ein Widerspruch zwischen der Wahrnehmung des Bildes eines scheinbar wenig kommunikationsfreudigen Autors und der unabweislichen Überlieferung höchst essentieller ästhetischer Aussagen auf.

Unanzweifelbar ist die positive Darstellung der Bielefelder Abiturienten-Diskussion in der Beckett-Forschung. War Beckett damals tatsächlich das „Genie" der Kommunikation durch Kommunikationsverweigerung, ein Schweigender, der durch sein Schweigen sagt, dass sich nichts sagen lässt und dass der Künstler eben dies beständig zum Ausdruck zu bringen hat?

Der erwähnte „Spiegel"-Artikel über Beckett 1961 in Bielefeld schließt mit leicht Anekdotischem über Becketts Antworten auf die Fragen der Ratsgymnasiasten:

> „Er warnte die Oberschüler vor der deutschen Unsitte der hinein- und herausdeutelnden Sinnhuberei im Umgang mit Kunstwerken. […] Auf die Frage, was er zum Beispiel mit jenem ‚Godot' gemeint habe, auf den in seinem prominentesten Stück zwei Landstreicher zwei Akte lang vergebens warten, antwortete Samuel Beckett den Bielefelder Primanern: ‚Das habe ich vergessen.'"

Übrigens: Knowlson spricht in seiner Beckett-Biographie von einem „Erholungsbedürfnis nach der Bielefeldtour", womit Beckett, um neugierigen Nachstellungen wegen seiner Heirat zu entkommen, seinen Englandaufenthalt im März 1961 begründet habe.

Krapp, später
Über die Fortsetzung der Diskontinuität

*„Krapp curses, switches off, winds tape
forward, switches on again."*

(Samuel Beckett, „Krapp's Last Tape")

I

„Mein Spiel jetzt."[191] Selbstbewusst hebt die „Unbekannte" an, die in Peter Handkes „Bis daß der Tag euch scheidet" (2009) etwas gegen das Spiel schonungsloser Reflexion zu sagen versucht, welches sich in „Krapp's Last Tape" (1958)[192] von Samuel Beckett durch Schnitte und Fetzen technisch reproduzierter Erinnerung und mit distinkt gebrochener Stimme artikuliert. Gegen den Ton der Skepsis und des Zerbruchs versucht die namenlose Person, die ein halbes Jahrhundert lang ohne Worte geblieben zu sein scheint, ihr Ich aufzubauen und – außer am Schluss, wo der Duktus der Rede sich als „Nachhall"[193] Krapps geflissentlich bremst – selbstdarstellerisch zu halten. Zwar greift sie Hamms Sprecheinsatz in Becketts „Endspiel" auf;[194] aber ihr eigenes Spiel zeigt nicht den Endspielgestus, sondern gleicht eher dem Versuch, endlich Revanche zu üben. Als hätte sie Krapps Verstummen abgewartet, um es ihm nun vorzuwerfen, ruft sie dem Erstarrten nach: „Dein Spiel, es ist gespielt, Mister Krapp, Monsieur Krapp, Herr Krapp."[195] Hatte

---

[191] Peter Handke: Bis daß der Tag euch scheidet oder Eine Frage des Lichts. Ein Monolog. Deutsche Version (2008) und Französische Erstschrift (2007), Frankfurt a. M. 2009, S. 9.
[192] Samuel Beckett: Dramatische Dichtungen in drei Sprachen. Ausgabe in einem Band, Frankfurt a. M. 1981; „Krapp's Last Tape", S. 82-108; „Das letzte Band", S. 83-109, „La dernière bande", S. 329-343.
[193] Handke 2009, S. 27.
[194] Hamm: „Ich bin wieder dran. *Pause.* Jetzt spiele ich!" (Beckett 1981, S. 213).
[195] Handke 2009, S. 9.

Krapps Spiel, das „in der Zukunft"[196] spielte, denn keine Zukunft? Die Frage birgt weiterreichende Aspekte geistigen Fortkommens in der heutigen Zeit und betrifft dabei insbesondere medienbezogene Wahrnehmungsgewohnheiten.

Handkes „Replik"[197] auf „Krapp" knüpft intertextuelle (im Umkreis von Becketts Werk liegende) und intermediale (Erinnerungen an Kinofilme aufrufende) Beziehungen. Während die cineastischen Anspielungen geradezu die Funktion von Autoritätszitaten annehmen, sind die literarischen eher zurückhaltend oder ablehnend. Dazu gehört der Hinweis, dass mit der sprechenden „Unbekannten" weder Effi Briest (die Titelheldin von Krapps Lieblingsroman) noch Molly Bloom (die Stimme der Weiblichkeit bei James Joyce) gemeint sei.

Die Sprecherin betont: „weder Effi, noch Molly, noch … Ich bin es, die spielt und die spricht, ich."[198] Dabei schadet ihr teils von den „Glücklichen Tagen", teils vom „Namenlosen" beeinflusster Redestrom durch ein Zuviel an zur Schau gestellter Ich-Stärke sich selbst, so dass fraglich wird, ob auf Becketts Poetik der Apersonalität überhaupt durch Affekte vager Selbstgewissheit und mit Gesten des Beiseitedrängens zu reagieren ist. Im Gefüge dialogischer Intertextualität ist der Bezug zum letzten Kapitel des „Ulysses" (1914-1921)[199] freilich signifikant und dabei auch nicht abzulösen vom Zusammenhang zwischen diesem großen Monolog und dem Selbstgespräch Winnies in Becketts „Happy Days"[200] von 1961, einem Text, der wiederum mit Krapps Tonbandmonolog und Selbstverhör in vielerlei Hinsicht vergleichbar ist.

---

[196] „Eines Abends, spät, in der Zukunft." (Beckett 1981, S. 85)
[197] Handke 2009, S. 27.
[198] Ebd., S. 9.
[199] James Joyce: Ulysses. With a foreword by Morris L. Ernest and the decision of the United States District Court rendered by Judge John M. Woolsey, New York 1961, S. 738-783.
[200] Beckett 1981, S. 146-232; deutsch („Glückliche Tage") ebd., S. 147-233; französisch („Oh les beaux jours") ebd., S. 363-405.

Diese Zusammenhänge entstehen durch ästhetische Besonderheiten, die für Handkes „Unbekannte" anstößig zu sein scheinen, nämlich die Neigung zum Schweigen, die Haltung der Negation, die Unterminierung der Einbildungskraft und insbesondere die Redeweise des reflexiven Innehaltens. Schon Molly Bloom „überspielt" im Sprach- und Bewusstseinsstrom die wahrzunehmenden Brüche, Stockungen und Staus ihrer inneren Rede. Als wäre es der Zweck des Monologs, die Merkmale der Diskontinuität des Bewusstseins abzuschleifen, sieht ihr Text nur wenige Absätze („Pausen") vor. Ohne Wenn und Aber gipfelt Mollys Suada schließlich im Triumph der Affirmation: „yes I will Yes."[201]

Becketts Molly ist Winnie. Aber Becketts Sprecherin steigert sich zu einem zweifachen vorweggenommenen Nekrolog, und ihre Doppeltirade über das Glück wird gegen Schluss der Akte I und II zur poetischen Rede vom Ende des Seins, vom Gewesenseinwerden. Die Gegenwart erblüht als vollendete Zukunft: „Oh this *is* a happy day! This will have been another happy day!"[202] Der dezidierte „Anti-Joyce" Beckett entgegnet damit nicht zuletzt dem vitalen Einverstandensein, das sich am Schluss des „Ulysses" ausspricht. Während Molly dort ihr entschlossenes „Ja" bekräftigt, gibt Winnie dem versackenden Leben eine Stimme, indem sie ihr Arrangement mit dem Dasein paradox durch die Antizipation des „Vorbei" widerspiegelt.

Das Beharren auf dem „Nie-Wieder" fasst Krapp zusammen. Seine auf Band gespeicherte Stimme sagt: „Perhaps my best years are gone. When there was a chance of happiness. But I wouldn't want them back."[203] Wie Winnies Monolog die Gegenwart als vollendete Zukunft verklärt, so rückt Krapps Zwiegespräch mit seinem früheren Selbst die eigene Stimme in die Zukunft akusti-

---

[201] Joyce 1961, S. 783.
[202] Beckett 1981, S. 208 (Ende von Act I); vgl. leicht veränderte Interpunktion am Ende von Act II, ebd., S. 232: „Oh this *is* a happy day, this will have been another happy day!"
[203] Ebd., S. 108.

scher Reproduktion. Dort mögen das Gesprochene und das Sprechen fortklingen oder verhallen, abbrechen oder verlöschen. Aber ist Krapps Nein das definitive Aus seines Spiels?

II

„*KRAPP motionless staring before him. The tape runs on in silence.*"[204] Beckett favorisiert den Ausdruck der Ausdruckslosigkeit. Und er regt die Vorstellung erloschener Vorstellungskraft an. Damit wird sein Werk zum Paradigma jener doppeldeutigen „Aufgabe der Literatur", die Ulrich Horstmann 2009 in einem Buch mit diesem eulenspiegelnden Titel an zahlreichen Beispielen herausgearbeitet hat. Er schreibt:

> „Wo der Fetisch der erfolgreichen Abschlüsse und des Gelingens um jeden Preis […] seine hypnotische Wirkung verloren hat, da beginnt die friedliche Koexistenz mit dem Bruchstückhaften und Unvollkommenen."[205]

Becketts „Angriff auf den Kernbezirk der künstlerischen Produktivkraft"[206] und „die Aufforderung, via Imagination mit der Imagination aufzuräumen,"[207] haben reduzierte Szenarien und fragmentierte Formen des Schreibens zur Folge, „Textes pour rien"[208], „geschundenes Gestammel"[209]. Der Autor fasst seine Intention in die anspruchsvolle Empfehlung: „Fail better";[210] aber die rigorose Selbstrevision

---

[204] Beckett 1981, S. 108.
[205] Ulrich Horstmann: Die Aufgabe der Literatur oder Wie Schriftsteller lernten, das Verstummen zu überleben, Frankfurt a. M. 2009, S. 227.
[206] Ebd., S. 152.
[207] Ebd., S. 153.
[208] Samuel Beckett: Nouvelles et Textes pour rien, Paris 1958.
[209] Samuel Beckett: Wie es ist. Deutsch von Elmar Tophoven, Frankfurt a. M. 1963, S. 167.
[210] Samuel Beckett: Worstward Ho. Aufs Schlimmste zu. Aus dem Englischen von Erika Tophoven-Schönigh, Frankfurt a. M. 1989, S. 6. – Horstmann (2009, S. 227) nennt dies „die Zielvorgabe des gelungenen

des ästhetischen Prozesses bedeutet keine endgültige Kapitulation der produktiven Arbeit. Vielmehr sind die permanente Kritik der expressiven Vernunft und die Kritik der Vorstellungskraft die bleibenden Inhalte und Motive der transzendentalen Recherche, durch welche die Kunst sich fortzeugt und im Selbstwiderspruch paradox potenziert. Indem die reflektierte Hervorbringung sich einerseits selber bremst, weist sie andererseits auf falsifizierende Prinzipien: Nachprüfen des Vorgestellten und Kritik fraglicher Wahrnehmung. Das aber heißt: „Die Imagination, muß sich [auch] Beckett, der sie zum Äußersten und in ihren Untergang treibt, eingestehen, ist nicht totzukriegen, ist uns über."[211]

Solange Bewusstsein reflexionsfähig bleibt, wird es nicht aufhören, sich kritisch selbst zu prüfen. Wir erkennen dies daran, dass die Arbeit des Erkennens, statt blind zu funktionieren, zu häufigem Nachfragen neigt. Pausen skandieren kognitive Prozesse. Sistierende Impulse nützen der Wahrnehmung. Das ästhetische Prinzip, die Kunst setzt hier an.

Handke versucht im erwähnten Stück, die Komposition der Pausen bei Beckett abzuwerten, indem er seine Protagonistin gegen die bedeutungshaften Zäsuren das Zeigen des Nicht-Zeigens beschwören lässt. Das nicht-indizierende Fingerzeigen der Kinder wird ihr zum Paradigma bedeutungsindifferenten Wahrnehmens und Verweisens:

„Das Zeigen der Kinder will und soll nichts bedeuten. […] Was zeigt es [das Kind]? Was indiziert es? Nichts, rein gar nichts […]. Und auch den eigenen ausgestreckten Arm zeigt es nicht, und auch nicht den eigenen gespitzten Zeigefinger.[212]

Der Gedanke, man könne das Unbehagen gegenüber Bedeutungen durch die bloße Missachtung des Zeigens und seiner Signifikanz

---

Scheiterns, die weiß Gott nicht anspruchslos ist, aber der Kunst verlockenden Spielraum eröffnet."
[211] Horstmann 2009, S. 154.
[212] Handke 2009, S. 15.

erledigen, erscheint wie eine leere Fortschreibung der von Hamm noch bange gestellten Frage: „Wir sind doch nicht im Begriff, etwas zu ... zu ... bedeuten?"[213] Kann man aber aus einer verlautenden Stimme, wenn der Wille zum Sprechen, zum Etwas-Sagen schwindet, mehr als nur Rauschen, Leerlauf, Verhallen hören? Handke bezieht sich – im intertextuellen Dialog – offensichtlich auf Max Frischs kritische Bemerkung aus den sechziger Jahren über jene „Gebärde des Zeigens", die bei Bertolt Brecht überdeutlich gewesen sei. Brecht habe, so Frisch, für sein Lehrtheater „immer neue Mittel gefunden, um zu zeigen, dass es zeigt."[214] Derjenige hingegen, der poetische „Authentizität" suche und der „alles abbaut, was am Theater nicht authentisch wird, nicht Poesie wird, ist Samuel Beckett."[215]

Im Reich der Imagination, die „uns über"[216] ist, also der Offenbarung, wird die Planungskompetenz der Menschen sehr klein. In der Welt revidierbarer Setzungen aber scheint die Ambivalenz der Begründungen zu herrschen, das Kommen und Gehen der Geltungen. T.S. Eliot umschrieb dieses fragile Hin und Her als „decisions and revisions which a minute will reverse."[217] Friedrich Schlegel postulierte 1798 im „Athenäum" die Reflexionsironie, einen „steten Wechsel von Selbstschöpfung und Selbstvernichtung",[218] also des autogenetischen Prinzips nebst seiner eigenen Dekonstruktion. Beckett geht den negativen Weg der anti-prometheischen Ironie im inneren Dialog der Entwürfe und Verwerfungen.

Wo die Dichtung, illusionslos und auf Enttäuschungen gefasst, die Kernbereiche ihrer Produktivität, nämlich Ausdruck und Imagination im Selbstbezug prüft, da wird sie vor Erosionen nicht

---

[213] Beckett 1981, S. 249.
[214] Max Frisch: Öffentlichkeit als Partner, Frankfurt a. M. 1967, S. 76.
[215] Ebd., S. 95.
[216] Horstmann 2009, s. Fn. 211.
[217] The Love Song of J. Alfred Prufrock, in: T. S. Eliot: Selected Poems, London 1954, S. 11-16; hier S. 13.
[218] Friedrich Schlegel: Schriften zur Literatur, hg. v. Wolfdietrich Rasch, München 1972, S. 30.

zurückschrecken. Deshalb ist es kein Gewinn, gegen Becketts poetisches Prinzip der „Kunstpausen"[219] durch einen redseligen „Fließtext" zu opponieren, dessen „Kontinuität" den Verdacht auf sich zieht, dass sich darin nur die Unlust an der Zerlegung perpetuiert.

Die zahllosen Pausen in Becketts monologischen Sprechtexten sind als elementare Signale des Ratifizierens oder Verneinens zu verstehen. Handkes „unknown female" tut sie als „Sinn-Pausen" ab, die „voll versteckter und doch nicht versteckter Bedeutungen" seien,[220] und will sie anscheinend im Strom des unskandierten Weiterredens unhörbar machen. Aber diese „Pausenliturgien"[221] sind aus Momenten der kritischen Selbstbefangenheit, das heißt innerer Rückkopplung der Imagination komponiert: „*(Pause.)* Moments. Her moments, my moments. *(Pause.)* The dog's moments. *(Pause.)*"[222] Das Nach-Denken wirkt hier ebenso stockend wie beflügelt, und die skeptischen Wandlungen halten ein bemerkenswertes Tempo: „*(Pause.)* Could have been happy with her [...]. *(Pause.)* Could I? *(Pause.)* And she? *(Pause.)* Pah! *(Pause.)*"[223]

Auch Winnie setzt Pausen, Akzente der Reflexion, Rede- und Imaginationsverzögerungen gegen die ungebremste Beliebigkeit. Es gehört zu den elementaren Erfahrungen von Diskontinuität, dass sich in Momenten des Aussetzens etwas Weitertragendes formiert, auch wenn die Stimme dabei bricht: „*(Pause.)* Strange? *(Pause.)* No, here all is strange. *(Pause.)* Thankful for it in any case. *(Voice breaks.)*"[224] Die Textur des Innehaltens bildet das Prinzip der Diskontinuität ab, welches Setzungen hervorbringt, um

---

[219] Handke 2009, S. 11.
[220] Ebd.
[221] Ebd.
[222] Beckett 1981, S. 98.
[223] Ebd., S. 104/106.
[224] Ebd., S. 202.

sie zu korrigieren oder gegebenenfalls vollends zu tilgen: „affirmations and negations invalidated as uttered, or sooner or later"[225].

III

„Von Becketts *Glücklichen Tagen*", schrieb Karl Markus Michel 1968 in einem „Kursbuch"-Aufsatz, „führt der Weg direkt auf die Barrikaden von Paris."[226] Das hieß damals: Zwischen Negativität und Widerstand, zwischen radikaler Kunst und radikaler gesellschaftlicher Praxis verläuft keine Grenze; vielmehr befreit das Ästhetische – das ist: die unübertünchte Wahrnehmung, Gegenteil der Betäubung – zum brüsken Eingreifen ins Bestehende. Mit Ernst Fischer könnte man auch sagen: „Die entschlossene Negation beseitigt Hindernisse."[227] Die Bewusstseinsmonologe Samuel Becketts – Krapps akustische Tagebücher, Winnies Tiraden und andere – sind Stimmen solcher Dialektik.

Die postmoderne Entfernung von der Dialektik spiegelte Botho Strauß 1981 in einem (eingeklammerten) Aperçu wider: „Ohne Dialektik denken wir auf Anhieb dümmer; aber es muß sein: ohne sie!"[228] Der kategorische Grundton dieses Satzes macht Bedauern zunichte. Bezweckt aphoristische Kürze die Ausklammerung bedachtsamerer Register? Wird in der nach-dialektischen Kultur nicht mehr durch Widersprüche hindurch, sondern bloß additiv und kumulativ gedacht? Zählt konkurrierendes, widerstrebendes, konfrontierendes Denken folglich nur um der bunten und vielfältigen Beliebigkeit willen?

Strauß versuchte einer „sichtenden Benommenheit"[229] das Wort zu reden. Er nannte sie „Dämmern"[230] oder „ungeahnte Naivi-

---

[225] Samuel Beckett: Molloy. Malone Dies. The Unnamable, London 1959, S. 293.
[226] Karl Markus Michel: Ein Kranz für die Literatur. Fünf Variationen über eine These, in: Kursbuch 15 (1968), S. 169-186; hier S. 177 f.
[227] Ernst Fischer: Überlegungen zur Situation der Kunst, Zürich 1971, S. 27.
[228] Botho Strauß: Paare, Passanten, München 1981, S. 115.
[229] Ebd., S. 116.

tät"[231], und er nahm in der „Form" von Geschriebenem, das heißt in den Makrostrukturen der Texte eine „abenteuerliche Unschuld"[232] wahr, die das auktoriale Subjekt übersteigt. Aber die Ironie des Nicht-Bewussten und die Grazie des Nicht-Disponiblen – also etwa die transzendentale Poesie in den Fragmenten eines Friedrich Schlegel, die Schwingungsidee im Marionetten-Aufsatz eines Kleist und dessen trotziges Vertrauen in die allmähliche Selbstorganisation gültiger Struktur bei ungeplanter Rede – haben sich zu „Kompetenzzweifel"[233] und zur Wahrnehmung aufgehobener Imaginationskraft gewandelt und radikalisiert: „die Stimme spricht weiter ein paar Worte sie kann verstummen sie kann weitersprechen man weiß nicht wovon es abhängt".[234] Der Stil der eingreifenden, tilgenden oder erweiternden Reflexion erzeugt Diskontinuität und setzt sie fort. So ist im Innehalten zugleich ein vorandrängender Duktus wahrnehmbar, und statt poetischer Ohnmacht offenbaren sich produktive, ästhetisierende, aufklärende Impulse. Die Momente des Revidierens oder Dementierens beleben das Vorstellungsvermögen. Durch sie wird auf Anhieb widerspruchsfreudiger, dialektischer gedacht.

IV

Weshalb nun und inwiefern spielt „Krapp" „in der Zukunft"? Die einleitende Regieanweisung zu diesem Schauspiel: „A late evening in the future"[235] berücksichtigt die Tatsache, dass der Krapp, der auf der Bühne neben dem großen Tonbandkoffer an seinem neunundsechzigsten Geburtstag ein dreißig Jahre altes Tonband abhört, auf dem er seine Lebenssituation reflektiert, und noch frühere,

---

[230] Strauß 1981, S. 116.
[231] Ebd., S. 117.
[232] Ebd.
[233] „Der Kompetenzzweifel der Schriftsteller" (Dieter Wellershoff: Die Auflösung des Kunstbegriffs, Frankfurt a. M. 1976, S. 45-61).
[234] Beckett 1963, S. 110.
[235] Beckett 1981, S. 84.

zehn oder zwölf Jahre davor gemachte Bandaufnahmen kommentiert, kein Zeitgenosse der Jahre sein kann, in welchen das 1958 uraufgeführte Stück entstanden ist und in welchen sich die Mode der Tonbandgeräte verbreitete.[236] Dreißig oder vierzig Jahre später wurde dieses Trendphänomen von neueren und neuesten Medien abgelöst. Die immanente „Vorgeschichte" des „Krapp" musste 1958, als das Stück uraufgeführt wurde, noch ebenso imaginär sein wie die reale mediale Entwicklung der nachfolgenden Zeit. Ist Krapps Zukunft eine andere?

Inmitten allen öffentlichen Geredes spiegelt Beckett die mangelnde Bemächtigung der Wirklichkeit wider, die heute weitgehend eine Wirklichkeit der Medien ist. Krapp ist vom neuen technischen Medium nicht verblendet, sondern nutzt es zur Selbstanalyse. Das Abwechseln von Selbstaussage und Selbstverhör bildet Subjektobjektivität, die Struktur der Reflexion ab. Noch der Leerlauf, das Rauschen, dem Becketts alter ego am Schluss bewegungslos zuhört, hat prinzipiell diese Struktur.

Der Spulen-Wirrwarr bedeutet nicht Datenchaos, sondern Desillusion. Auf der Höhe der Medienentwicklung der fünfziger Jahre und dabei gewissermaßen seiner Epoche um mehr als zwei Jahrzehnte voraus, ist Krapp kein Don Quijote der technischen Reproduzierbarkeit der menschlichen Stimme auf Magnettonband, sondern aufmerksamer Zuhörer seines zerbrochenen Selbst. Der Umgang des Autors Beckett mit medialer Technik (Tonband, Akustik, Licht, Scheinwerfer usw.) bezog sich auf elementare Zwänge und Ängste der Wahrnehmung. Krapps Tonband stellt die Mög-

---

[236] Einen Beleg für die Neuheit und Beliebtheit des Tonbandgeräts in der frühen Nachkriegszeit liefert eine Szene in Arthur Millers „Death of a Salesman" von 1949. Howard Wagner, Stimme des Erfolgs, sagt im zweiten Akt zu Willy Loman: „Didn't you ever see one of these? Wire recorder. [...] Records things. [...] I bought it for dictation, but you can do anything with it." (Arthur Miller: Death of a Salesman. Text and Criticism, hg. v. Gerald Wales, New York 1977, S. 76 f.)

lichkeit des Selbstverhörs bereit; der Scheinwerfer in „Play"[237] (1963) nötigt zu Sprecheinsätzen; die Kamera in „Film"[238] (1965) bildet den Alptraum des „Esse est percipi"[239] nach. Wie verhält ein Krapp sich im weiter fortgeschrittenen Medienzeitalter?[240] Genießt er bei virtuellen Auftritten vielleicht die paradoxe Absenz seiner selbst im Universum der Schaltungen? Betrachtet er die Inflation der Kommunikationsmittel als Vorschein der Entropie? Glaubt er, dass der Stoffwechsel der Fragen und Offenbarungen durch alle Poren infiziert ist und dass im Senden und Empfangen und in pflichtmäßiger Rückkopplung eine geisttötende Medien-Verklumpung wuchert?

Welche Techniken der Reproduktion nutzt Krapp? Manchmal, das denken wir uns, schwelgt er noch im Wort „Spuuule". Welches andere Wort könnte ihm gefallen? „Wer mag schon", las er vor Jahren, „einen Chip zum Gleichnis nehmen?"[241] Haben die digitalen Techniken inzwischen Metaphern gefördert, aus denen sich Wahrnehmungsvorgänge erhellen, ästhetische Prozesse, Konzepte von Auflösung und Wandlung? Ist Datenlöschen die neue Mög-

---

[237] Beckett 1981, S. 234-268; deutsch („Spiel") ebd., S. 235-269; französisch („Comédie") ebd., S. 407-474.
[238] Samuel Beckett: Film. Complete scenario. Illustrations. Production shots. With an essay on Directing Film by Alan Schneider, London 1972.
[239] Ebd., S. 11.
[240] Krapp wäre in der Welt der Medien und der Medienkompetenz kein Neuling, und seine Stimme hätte, wie nicht zuletzt Handkes „Echo" von 2009 belegt, beste Chancen des Weiterwirkens. Zumal dem Nörgler, dem Krapp des Misstrauens gegenüber den Standards von Kommunikation, Präsentation, Vernetzung usw. dürfte Gehör geschenkt werden. Beim Bemühen um eine „Literatur nach Beckett" ließe sich ihm vielleicht eine vermittelnde Rolle zuschreiben. – Was hierbei das Phänomen der Fortsetzung bzw. Variation einer werkimmanenten Figur betrifft, so wäre beispielsweise auch auf das Drama „Godot ist gekommen" (1966) des serbischen Schriftstellers Miodrag Bulatović („Godo je dosao", 1965) hinzuweisen, worin Godot sich zum Beckett-Personal als ein weiterer jener Heruntergekommenen gesellt (Miodrag Bulatović: Godot ist gekommen. Variationen über ein sehr altes Thema, München 1966).
[241] Botho Strauß: Beginnlosigkeit. Reflexionen über Fleck und Linie, München 1992, S. 92.

lichkeit der Negation? Ist das Wegklicken ein Weg der Ästhetik des Annihilismus?
Wie oft hat er die Verfilmungen der „Effi" verglichen? An Artikulationsweisen pflegt er hohe Ansprüche zu stellen. Eine Zeitlang hat er mit synthetischen Stimmen experimentiert. Dann hat er es aufgegeben; die Stimmen waren nicht perfekt, und ihre Mängel waren ohne Reiz, ohne Schmerz.
Geht Krapp oft online? Driftet er im Internet ab? Man kann sich vorstellen, wie Krapp seine Art von Ordnung in digitale Dateien zu bringen versucht. Er ist launisch, was Nachrichten betrifft. Von seinen Mobiltelefonen löscht er sie, ohne sie vorher zu hören. Dann wieder droht er im Datenwirrwarr unterzugehen, und er hört sein Herzklopfen im Überall und Nirgends. „Wie merkwürdig", hat er bei Kehlmann gelesen, „daß die Technik uns in eine Welt ohne feste Orte versetzt hat. Man spricht aus dem Nirgendwo, man kann überall sein, und da sich nichts überprüfen läßt, ist alles, was man sich vorstellt, im Grunde auch wahr."[242]
Die Programme des Irrealen beeindrucken Krapp nicht. Die öffentlich-unöffentlichen Netze und Regelkreise erscheinen ihm ohne Urteilskraft.[243] „Wirklichkeit ist das Integral ihrer Simulationen."[244] Krapp aber setzt etwas anderes fort. Er strapaziert die „Delete"-Funktion, wo er kann. Er stellt sich „gedächtnisprotokolle von / gedächtnisprotokollen von verflimmerten von / inneren minuslandschaften"[245] vor. Er wirft bespielte CDs achtlos weg. Die vorläufige Endstufe methodisch-unmethodischen Zweifels ist die Zerfahrenheit. Seine Metagedichte handeln davon. Selbstdementi

---

[242] Daniel Kehlmann: Ruhm. Ein Roman in neun Geschichten, Reinbek bei Hamburg 2009, S. 172 f.
[243] Vgl. aber Stefan Münker: Emergenz digitaler Öffentlichkeiten. Die sozialen Medien im Web 2.0, Frankfurt a. M. 2009.
[244] Norbert Bolz: Eine kurze Geschichte des Scheins, München 1991, S. 123.
[245] Thomas Kling: brennstabm. Gedichte, Frankfurt a. M. 1991, S. 164.

und Ironie sind manchmal schroff. Zwar schließt Krapp sich nicht ein, nicht hermetisch ab, und doch ist er selten erreichbar.[246] Immer öfter hat er keinen Strom, kein Licht. Sein Akku-Lader versagt, ist defekt. Krapp horcht. Wo stehen, denkt er, diese überlasteten Server? Krapp, der seinen Erfinder mit Winnie teilt, scheint sich an ihren Gesang zu erinnern, an ihre Gebete. Einmal ist es, als entstaubte er im Dunkeln ihre Predigtkassetten. Er meint, dass in der globalen Nebenläufigkeit aller Bilder und Worte der verlässliche Halt schwindet. Man tut, was man kann. „Aber niemand ist immer total auf Alert, und Müllmist passiert eben."[247]

Von „Krapp's Last Tape" führt ein Weg zu Entwürfen einer reflektierten Medienkultur und Medienästhetik (Medienkunst). Diskontinuität, meint Krapp, manifestiert sich in entschlossener Negation und überwindet, dialektisch sich selbst widersprechend, die Hindernisse des Neuanfangs. „KRAPP *switches off, broods, switches on again*".[248] Das Risiko technikbasierter (selbst-)regulativer Vernunft auf der einen, der globalen Seite und die Sensibilität gegenüber eben dieser forschen Unterstellung auf der anderen, der wahrnehmungskritischen Seite sind von der Rhythmik des Ein/Aus und Aus/Ein affiziert.

Dem letzten Band mögen allerletzte Chips folgen. Von einem ist durch den Schallwandler im Ohr vielleicht nur ein Seufzer, ein geschundenes Lallen, ein Überatmungskrampf zu hören. Ein unentwirrbares Durcheinander der letzten gespeicherten Stimmen

---

[246] Man kann sich einen tragikomischen Konflikt um die Katastrophe der Speicherung kompromittierender Daten vorstellen; in dem Roman muss beispielsweise der Satz stehen: „You can never completely remove data from a hard disk, short of destroying it …" (David Lodge: Thinks…, London 2002, S. 296.) Zwei fiktive Dialogpartner verarbeiten diesen Sachverhalt folgendermaßen: „He said not many people knew that everthing you downloaded from the Internet, was stored on your hard disk for ever. I said ‚Like the recording angel writing down your sins?' and he said ‚Exactly. The recording angel is a hard disk.'" (Ebd., S. 304.) Ob Krapp, der Mann des Aus im Geiste, damit ein Problem hätte?

[247] Kehlmann 2009, S. 137.

[248] Beckett 1981, S. 98.

mag im Schwung der sich immer noch fortzeugenden Entfaltung technischer Möglichkeiten eintreten, GAU des unentwegt unreflektierten Geredes und des Neuschaffens irgendwelcher Welten oder globaler Interkonnektivität. Ein finaler Link mag so merkwürdig reagieren, als sollte das etwas bedeuten. Zuvor werden die Finessen analoger und digitaler Reproduktion, Simulation, Konstruktion, Dekonstruktion einander eifernd überboten haben. Aber schließlich mag das künstliche Gedächtnis kollabieren. Wie hat man sich dann das Sich-Erinnern ans endliche Aussetzen der erinnernden Speicher vorzustellen?

Aus dem Geist des Zweifels am Gedicht
Über Marianne Moore

Poetry

I, too, dislike it.
Reading it, however, with a perfect contempt for it, one discovers in
it, after all, a place for the genuine.

(Marianne Moore)

Bei den vorangestellten Versen von Marianne Moore handelt es sich um die von der amerikanischen Dichterin selbst auf drei Zeilen gekürzte Fassung ihres programmatischen Gedichts „Poetry", das zuerst 1919 erschien und das sie 1921 in die Ausgabe der „Poems" aufnahm. Es charakterisiert die selbstreflektierte und selbstkritische Produktionsweise der Dichterin, dass sie den Text ihres Gedichts mehrmals und einmal sehr radikal geändert hat, freilich ohne die Kernaussage selbst dabei anzutasten. Das ursprüngliche Gedicht hat 29 Verse. In einer zweiten Fassung („Observations" von 1924) hat das Gedicht 13 Verse, wovon der Schluss die Aussage enthält: „enigmas are not poetry" („Rätsel sind keine Gedichte"). Die Ausgabe der „Selected Poems" von 1935 beinhaltet wieder die erste Fassung. Die aphoristische Kurzversion entstammt den „Collected Poems" von 1951. Es sind die reduzierten drei Anfangszeilen der ursprünglichen Fassung von „Poetry", die lauteten:

„I too, dislike it: there are things that are important beyond all this fiddle.
Reading it, however, with a perfect contempt for it, one discovers that there is in
it after all, a place for the genuine."

Für seinen Auswahlband „Kein Schwan so schön" (Basel 2001) hat Jürgen Brôcan fünfundzwanzig Gedichte von Marianne Moore ins Deutsche übersetzt, darunter das Gedicht über „Dichtung". Es beginnt:

„auch ich mag sie nicht: es gibt dinge, die wichtiger sind als dieses gefiedel.
liest man sie jedoch voller verachtung, entdeckt man in
ihr, trotz allem, einen raum fürs ursprüngliche."

Marianne Craig Moore wurde 1887 in Kirkwood, Missouri, geboren und starb 1972 in New York City. Sie studierte am Bryn Mawr College, gab Unterricht im Fach Buchhaltung und wirkte als leitende Redakteurin der avantgardistischen Literaturzeitschrift „The Dial". Sie war in Brooklyn zu Hause. Über lange Zeit arbeitete sie als Bibliothekarin in der „New York Public Library". Sie trat ein paar Mal als Feministin in Erscheinung. Man weiß auch, dass sie sich sehr für Baseball interessierte. Ihrer privaten Persönlichkeit wird puritanische Strenge zugeschrieben. Durch ihre Gedichte zählt sie zu den Hauptvertretern der amerikanischen Moderne. Das „Time Magazine" nannte sie einmal „die vollendetste Dichterin der Englisch sprechenden Welt von heute". Sie war sechzehnfache Ehrendoktorin.

In dem bekenntnishaften Satz „I, too, dislike it" gibt sie dem Geist poetologischen Zweifels eine verblüffende Formel. Das persönliche Eingeständnis, in dem die Literaturwissenschaft ein Zitat von Samuel Butler erkennt, beinhaltet einen negativen ästhetischen Affekt, der in der folgenden Formulierung als „perfect contempt for it" gesteigert und verallgemeinert wird. Es ist nicht genug, sich vor Dilettantismus zu verwahren, sondern man muss auch die Disposition zur grundsätzlichen Verachtung des lyrischen Ausdrucks aufbringen.

In der Form eines subjektiven Geschmacksurteils sagt Moore, dass das bloß Lyrische nur eitles Getöne und Gefiedel („fiddle") sei. Das Verblüffende der Missfallensaussage liegt in ihrer Ungeniertheit, die sich als mitempfundene Abneigung gibt und, statt befangen zu machen, sowohl Widerstand als auch poetische Befreiung bezweckt. Die Dichterin richtet sich gegen Liebhaberei und Wichtignehmen. Vielmehr scheinen die Bereitschaft zur negierenden Kritik und ein gewisser böser Blick geradezu die Voraussetzung für essentielle Wahrnehmung zu sein.

Marianne Moore beschwört die Gegenständlichkeit und Gegenwärtigkeit, die Realität der Präsenz der bezeichneten Dinge im Gedicht. So kommt es, dass sie das authentisch Dichterische im Widerspruch zur poetischen Diktion sehen kann. Was im Gedicht präsent wird, soll das möglichst Explizite sein. Als „burning desire to be explicit" bezeichnete sie das Hauptmotiv ihrer schriftstellerischen Arbeit. Genuiner Dichtung eignet nicht die Aura von Vieldeutigkeiten, sondern sie überzeugt durch die Stärken des Wörtlichmeinens beim Schreiben. In der Formel „literalists of the imagination", womit sie sich – intertextuell – auf William Butler Yeats bezieht, der über William Blake urteilt, fasst Moore eine Poetik zusammen, die sich der Rhetorik der Übertragungen widersetzt. Ihre Dichtung bezeugt den Mut, dem metaphorischen Sprechen durch Festhalten am Wortsinn der Vorstellungsinhalte ein Gegengewicht zu bieten.

Diese Ansicht findet eine Bestätigung zum Beispiel bei Herbert Marcuse, der in „Der eindimensionale Mensch" den Fall eines Dichters konstruiert, dessen Bilder man nur dulde, wenn sie sich in die gewöhnliche Sprache übersetzen ließen. Dieser Dichter bestehe aber zu seiner Selbstverteidigung gegen die Vereinnahmungsversuche darauf, „dass meine Symbole, Metaphern usw. *keine* Symbole, Metaphern usw. sind, sondern genau bedeuten, was sie sagen."

Auch Marianne Moore beschwört die Imagination des nicht mehr bloß Imaginären und fasst das Postulat gesteigerter Realitätsgrade der dichterischen Gegenstände in die berühmte Formel „imaginary gardens wirth real toads in them". Das Echte fällt nicht mehr unter den Begriff des Schönen, sondern erscheint als das beklemmend Präsente, als die untröstliche Gegenwärtigkeit von etwas, das schwer zu schlucken ist, widergespiegelt durch lebendes Krötengezücht im Garten der Imagination. Moores „real toads" – wirkliche, wahre, echte Kröten – verwundern als sprachlose Fabeltiere des nicht mehr Fabelhaften. Zwischen Befremdung und dem Effekt des Sich-Entziehenwollens provozieren sie den lyrischen Leser zur Anschauungsbereitschaft.

Ähnlich fungieren bei Moore zum Beispiel „business documents and school books", Inbegriffe unpoetischer Spracherzeugnisse, die sie eben deshalb als Beispiele für neues dichterisches Rohmaterial („the raw material of poetry in / all its rawness") ansieht. Moore bezieht sich auf eine Stelle aus Leo Tolstois Tagebuch, wonach es ausgeschlossen zu sein scheint, zwischen Dichtung und Prosa verständlich und überzeugend zu unterscheiden, so dass man sagen könne, Dichtung sei alles außer „Geschäftspapieren und Schulbüchern". Moore verwendet diesen Gedanken aber für ihre Zwecke, indem sie postuliert, dass gerade die Textphänomene, welchen die nicht-poetischen Merkmale zugeordnet sind, zum Material genuiner moderner Dichtung zählen.

Marianne Moore schrieb vorzugsweise in syllabisch ausgezählten und geordneten Strophen, was sie dem sogenannten freien Vers mit metrischer Formung vorzog und worin sie zugleich die Prosanähe des Gedichts bewahren konnte, die sie in einem Brief aus dem Jahre 1950 einmal als Maßstab größtmöglicher sprachlicher Effizienz in der Dichtung umschrieben hat: „The maximum efficiency of expression in poetry should be at least as great as it could be in prose."

Man kann hierbei unter anderem auch an eine Stelle aus Frank O'Haras „Why I am not a painter" von 1964, einem Gedicht über die unverhoffte Entstehung eines seiner Gedichte denken, wo es heißt: „It is even in / prose, I am a real poet." Aus der jüngeren Zeit sei eine Äußerung Wolf Biermanns über den gebotenen Prosaduktus in der Dichtung, festgehalten im Kontext von Erläuterungen zu seiner 2004 vorgelegten Übersetzung von Shakespeare-Sonetten, angemerkt. Biermann spricht über die Prosa-Qualität der

Dichtung bei Brecht und bei Shakespeare: „Die poetisch gebundene Sprache soll – das hat uns Deutschen das Beispiel Brecht eingebrockt – ohne Krampf ganz nebenbei auch noch die Höhe guter deutscher Prosa erreichen. [...] Shakespeare verletzt die Gesetze guter Prosa auch im Gedicht kaum."

Durch die Infragestellungen der Metrik, der Grenzziehungen zwischen gebundener und ungebundener Sprache, der poetischen Diktion, der Verrätselung und Metaphorisierung lässt sich Marianne Moore in die beständige Unter- und Gegenströmung antilyrischer Poetik im Bereich der Dichtung einbeziehen, wozu beispielsweise Shakespeares sonettkritisches Sonett „Shall I compare thee ..." oder Enzensbergers dichtungsüberdrüssiger Vers „lies keine oden, mein sohn, lies die fahrpläne: / sie sind genauer" ebenso gehören wie die Tatsache, dass ein William Wordsworth, skeptisch gegenüber der Auffassung des Dichters als eines abgehobenen Genies, seinesgleichen schlicht als „man speaking to men" definierte. Wordsworth wies mit Nachdruck darauf hin, dass die Essenz der Dichtung durch linguistische Differenzen zwischen Poesie und Prosa weder zu erfassen noch zu erzwingen sei. Gegen bevormundende Theorie und Kritik könne jeder aufmerksame Leser aus zahllosen Textbeispielen den Beweis führen, dass die Annahme solcher Unterschiede keinen wesentlichen poetologischen Maßstab ergibt: „that not only the language of a large portion of every good poem, even of the most elevated character, must [...] in no respect differ from that of good prose, but likewise that some of the most interesting parts of the best poems will be found to be strictly the language of prose when prose is well written."

Marianne Moores „Poetry" ist ein Gedicht über die Dichtung, Lyrik in zweiter Potenz, Poesie der Poesie, wofür Friedrich Schlegel in der deutschen Frühromantik das Kürzel „p^2" einführte. Wie Friedrich Schlegel sah, dass die poetische Kritik der Poesie diese nicht zerstört, sondern potenziert, so spricht Marianne Moore von der Gewissheit, dass „dislike" und „contempt" der Dichtung nicht schaden, sondern ein Gewinn für die ungetrübte Ortung des Echten („a place for the genuine") sind.

Was diesem Anspruch nicht genügt, nennt sie „fiddle". Man könnte es als das „Affektierte" bezeichnen – vielleicht auch, mit einem zwar nur spöttisch-saloppen, aber trotzdem nachdenkenswerten Wort Roman Ritters aus einer Polemik vor anderem Hintergrund, als „Laberlyrik". Doch es geht nicht einfach um den Schutz vor Peinlichkeiten ungeläuterter lyrischer Absonderungen. Statt mit Spott kontert die Dichterin dem „Gefiedel" mit Dichte und Kunstfertigkeit und mit schwindelfreiem Gang auf der Metaebene.

Es werden noch viele lyrikkritische Gedichte zu schreiben sein, welche die Poesie nicht flügellahm machen, sondern sie in die zweite Potenz erheben. Souveräner Geschmack – „erhaben über / anmaßung und trivialität" (Moore/Brôcan) – formt und manifestiert sich nicht mehr in interesselosem Wohlgefallen, sondern vielmehr in einem Interesse, das dem Wohlgefallen entwachsen ist: „wenn du […] einerseits / das rohmaterial der dichtung in / all seiner rohheit und das, / was andererseits ursprünglich ist, / verlangst, bist du an dichtung interessiert." Dann mögen, wie Marianne Moore es meinte, trotziges Begreifen und störrisches Denken geschehen, Blicke sich weiten, Vorstellungsinhalte unverblümte Kontur annehmen, Haare sich – sträuben.

Vom Sinn des Trotzes und der Demut
Über Ingeborg Bachmann

„Ich vernachlässige nicht die Schrift,
sondern mich.
Die andern wissen sich
weißgott
mit den Worten zu helfen.
Ich bin nicht mein Assistent."

(Ingeborg Bachmann: „Keine Delikatessen")

Der siebensilbige Satz „Ich bin nicht mein Assistent" lässt verschiedene Metren zu: den Trochäus, den Daktylus oder den Jambus (mit anschließendem Anapäst bei „Assistent"). Die Intonation im Trochäus mit grammatisch-logischer Satzbetonung auf „ich" und „nicht" wirkt eher statisch, der Daktylus mit hervorgehobenen „ich" und „mein" klingt beschwingter, die jambisch-anapästische Variante legt als einzige die Betonung auf die Seinsform „bin" und erzeugt ein Gefühl von trotziger Nachdenklichkeit.

Das Ich dementiert Neigungen zu selbstbezüglicher Assistenz, es leugnet überhaupt den Eigensinn und daraus abgeleiteten Beistand für sich. Bei trochäischer Betonung ergibt sich die deutlich hervorgehobene Negation: „*i*ch bin *ni*cht …". Das Ich assistiert sich nicht. Selbstassistenz findet nicht statt, weil das Ich sie ablehnt. Eine daktylische Betonung hebt die Abwehr possessiven Bezugs hervor: „*i*ch bin nicht *mei*n …". Das Ich assistiert nicht sich selbst, denn die Selbstassistenz zählt nicht, sondern wohl nur jeglicher Beistand, der davon absieht oder darüber hinausgeht. Die jambische Intonation („ich *bi*n nicht …") könnte Patzigkeit zum Ausdruck bringen. Vorzuziehen ist wohl eine unauffällige Mischintonation, wie sie bei ähnlich gebildeten Prosasätzen angemessen wäre.

Ingeborg Bachmanns Satz lässt Varianten zu. Ich bin nicht mein Therapeut. Ich bin nicht mein Arzt. Ich bin nicht mein Anwalt. Ich glaube, dass ich einen höheren Fürsprecher habe, der ich nicht bin. Ich diene nicht mir selber. Nämlich wer bin ich denn. Auf mich kann ich ja nicht bauen. Die Ich-Form wurde nicht meinetwegen erfunden.

Doch man verhält sich zu sich. Man kann dabei – wie der Philosoph Paul Hofmann vorschlägt – zwischen dem Ich-sagenden Ich und dem Ich-bezeichneten Ich unterscheiden. Dem entspricht im Ich-Roman oder in der Autobiografie die Unterscheidung zwischen dem erzählenden Ich und dem erzählten Ich. Es hätte auch Sinn, einen Unterschied zwischen dem dichtenden Ich und dem gedichteten Ich zu machen. Das Schema der Spaltung in Ich und Ich macht inneren Abstand bewusst. Es ist hilfreich beim personellen Verstehen von Leben und des Bewusstseins des Selbst.

Die Nachdenklichkeit über das Ich ist in Ingeborg Bachmanns Vers mit der Negation liiert. In einer anderen Figur der Selbstreflexion bekennt die Dichterin einige Verse vorher die Gespaltenheit unglücklichen Bewusstseins: „und ich verzweifle noch vor Verzweiflung". Es scheint dabei ein schöner Zug zu sein, dass die Diagnose des Zerbruchs sich in der Schwebe von Wehleidigkeit und Indifferenz hält.

Die hier zitierte Sentenz ist geistesverwandt mit Arthur Rimbauds „Je est un autre" – „Ich ist ein anderer". Rimbauds Satz taugt als Motto moderner Identitätskrisen – vom scheinbaren Wahnwitz des Descartes'schen „cogito" über Fichtes „Ich" und dessen „Nicht-Ich", Hegels Dialektik des Bewusstseins, die Verzweiflungen des Existentialismus seit Kierkegaard bis zu Max Frischs „Ich bin nicht Stiller", ferner zu den Subjektivitätsverdächtigungen durch die 68er und zu den Subjekt-Objekt-Spannungen aus der Sicht gesellschaftlicher Theorie, schließlich zur Debatte über die Herausforderungen an den Identitätsbegriff durch die gentechnische Reproduzierbarkeit von Leben. Aus dieser langen neuzeitlichen Tradition der Gespaltenheit greift Ingeborg Bachmann das Motiv der Dialektik von Dienendem und Beherrschendem auf: Wesen des Knechts und Wesen des Herrn, Matti und Puntila, Lucky und Pozzo.

Hegel hat im Herr-und-Knecht-Kapitel bewusst gemacht, dass der Knecht die Macht über den Herrn hat. Ohne Knecht gibt es keinen Herrn. Der Herr überlässt dem Knecht die Bearbeitung des dinglichen Seins und behält sich selbst den Genuss vor. Der Knecht kann sich seiner Selbständigkeit gegenüber den Dingen hingeben, solange sie darin besteht, dass er ihrer in der Arbeit, der großen Bildnerin des Menschen, selbst Herr wird. So möge er gestalten und formen.

Als assistierende Kraft möge er, mühselig und beladen, an der langen Leine des Glücks aller Menschen gehen. Er möge dabei – wie Lucky im „Godot" – tanzen und denken. Dort ist Pozzo auch nicht sein Lucky. Aber der Abstand zwischen beiden ist beklemmend und betrüblich, der Bediente erscheint ziemlich bedient, der Herr leidet immer tiefer, denn er hat – hier kann man Ingeborg Bachmanns Zeilensprünge benutzen – „ein Einsehen gelernt / mit den Worten, / die da sind / (für die unterste Klasse) // Hunger / Schande / Tränen / und / Finsternis". Die Souveränität ist kein Genuss, da ist nichts Herrliches mehr dran! Ingeborg Bachmann sagt dies mit dem expositorischen Satz: „Nichts mehr gefällt mir."

Das Gedicht „Keine Delikatessen", aus dem hier zitiert wird, wurde im „Kursbuch" 15 vom November 1968 erstveröffentlicht und fand sich dort in der Nachbarschaft von Beiträgen zu scheinbar anti-literarischer Ästhetik aus kritischer Rückschau auf den gerade gewesenen Mai der Barrikaden. Der zitierte Vers folgt auf eine dialektische Aussage über die „Schrift". Die Dichterin vernachlässige sie nicht, sondern sich selber, und zwar im Unterschied zu den „andern" Menschen, die „mit den Worten" ein Mittel der Selbsterhaltung haben, welches dem Ich des Gedichts nicht zukommt. „Schrift" ist also kein Medium der Selbstassistenz, sondern ein Gegenstand des sorgenden Respekts, dem die Selbstvernachlässigung komplementär entspricht. Ist mit „Schrift" aber die sogenannte Literatur gemeint oder die Gesamtheit der Schriftsprache? Meint die Dichterin vielleicht nur oder vor allem ihre eigenen geschriebenen Texte? Oder bezieht sie sich gar auf die „Schrift", die man heilig nennt, da sie das Buch der Bücher ist? Der Kontext der zitierten Strophe schließt dies nicht aus.

Festzustellen ist, dass die Absage an Selbstassistenz mit dem Bekenntnis zu einem Nichtnachlässigwerden in der „Schrift" zu tun hat. Ingeborg Bachmann setzt provokativ auf Selbstverleugnung und auf den Zerfall der Selbstsucht und eines Sich-Rühmens mit Worten. So opponiert sie dem Stolz der Schriftgelehrsamkeit. Ihr Vers vermittelt dabei den Sinn des Trotzes und der Demut zugleich. Die eine Bedeutung ist negativ besetzt und riskiert Anstößigkeit, die andere ist positiv besetzt, denn aus ihr scheint leidgeprüfter Alleingang zu sprechen.

Hätte man denn einen Bewusstseinsvorteil, wenn man sich als Diener, als ständiger Begleiter, als Assistent seiner selbst fühlte? Wäre das nicht gleichbedeutend mit eitler Selbstgenügsamkeit? Man möchte ja vielleicht einer Misere des Selbst durch Selbstaufbau und Selbstassistenz entwachsen. Aber kann man sich denn erfolgreich beistehen? Auch möchte man manchmal aus seiner Haut. Aber heißt das nicht, dass man vom Ich und seinen Irrungen abschweifen möchte? Man wäre dann wieder in einem sehr selbstvergessenen und somit unassistierten Zustand. Im Schlussvers des Gedichts, von dem hier die Rede ist, postuliert Ingeborg Bachmann eben diese Selbstlosigkeit, die ohne Beistand ist, als Konsequenz: „Mein Teil, es soll verloren gehen."

Man kann sich nicht selbst und alleine beistehen und erst recht nicht sich überragen. Man soll aber auch nicht liegen bleiben, wenn man gefallen ist. Man darf hoffen, dass man im Scheitern nicht vergeht. Natürlich tut meistens jeder sein Bestes. Doch man kann sich nicht wirklich selbst assistieren.

„Da es aber nicht so ist" –
Gegenbildlichkeit bei Franz Kafka, Jurek Becker, Erich Fried und Arno Holz

Gegenbilder sind Alternativen der Imagination. Zwischen Bild und Gegenbild herrscht eine konzeptuelle Spannung. Sie kann durch verschiedene Werke oder Texte, die formal und inhaltlich aufeinander bezogen sind, realisiert und reflektiert werden oder im selben literarischen Werk oder Text zur Erscheinung kommen. Die folgenden Beispiele sollen einige Möglichkeiten der Funktion von Gegenbildlichkeit erhellen. Die Erläuterungen beziehen sich auf Gemeinsamkeiten und Unterschiede im Phänomen konzeptueller, imaginativer Alternativen.

Falscher Schein und wahre Kunstfertigkeit (Franz Kafka)

„*Wenn irgendeine* fadenscheinige und nur durch trügerische Voraussetzungen ermöglichte artistische Darbietung sich lange Zeit hinzöge, ohne dass ein baldiges Ende absehbar wäre, da auch der Zuspruch durchs betörte Publikum nicht aufhörte, *vielleicht* würde dann ein einzelner beobachtender Zeitgenosse, der Wiederholung immer derselben Effekte überdrüssig, dem Dienst am Schaugeschäft entgegenwirken, indem er ‚Halt!' einriefe. *Da es aber nicht so ist*, sondern eine ausgefeilte Kür in gewagter Vollendung präsentiert wird, wobei kein billiges Effekthaschen, sondern ebenso besonnene wie stolze und hingebungsvolle Leistung geschieht – *da dies so ist*, geht der Betrachter in sich und versinkt unwillkürlich in einer tiefen und wahren Empfindung von Leid."[249]

---

[249] Text von Verf. nach Franz Kafka: Auf der Galerie, in: Ders.: Die Erzählungen und andere ausgewählte Prosa, hg. v. Roger Hermes, Frankfurt a. M. 2002, S. 251 f. – Kafkas Text hat die Struktur: „Wenn irgendeine hinfällige, lungensüchtige Kunstreiterin … – vielleicht eilte dann ein junger Galeriebesucher … / Da es aber nicht so ist; eine schöne Dame … – da dies so ist, legt der Galeriebesucher …"

Dem Bild des forcierten, jedoch falschen Scheins, den eine „hinfällige, lungenkranke Kunstreiterin"[250], angespornt von den erbarmungslosen Erwartungen der Menge, erfüllt, stellt Franz Kafka das Bild der wahren „Kunstfertigkeit"[251], welche eine „schöne Dame" in behutsamer Konzentration zur Wirklichkeit macht, gegenüber. Kafkas Text ist eine Parabel von den widersprüchlichen Weisen der Anteilnahme an künstlerischer Performanz. Während die erzwungene Inszenierung ein Sistierverlangen des Betrachters bewirkt, löst die vollendete Leistung unbemerkte Tränen, den Ausdruck der Melancholie aus. Die eine Vision – der Galeriebesucher empfindet die erzwungene Trugwelt als empörend und gebietet Einhalt – wird im Text als Möglichkeit in Betracht gezogen, aber um der anderen Vision willen – der vollendete Ausdruck erweckt im Galeriebesucher (Mit-)Leid und Tristesse – negiert. Dem eitlen „Spiel"[252] wird die überzeugende Anmut entgegengestellt, dem gequälten Schaubetrieb die behutsame „Kunstfertigkeit", der massenhaften, in den klatschenden „Dampfhämmern" versinnbildlichten Solidarität mit dem Gefälligen die Befindlichkeit des Glücks, das die Künstlerin „mit dem ganzen Zirkus teilen will"[253]. Das Gegenbild – „da dies so ist"[254] – verkörpert die Negation des Scheinhaften, das vermeintlich überdauert, aber tatsächlich hinfällig ist, durch den Triumph des Gefährdeten, welches in Wahrheit das Perfekte ist. Die individuelle Abneigung des Betrachters wird entsprechend ersetzt und überboten durch sein Mitgefühl.

---

[250] Kafka 2002, S. 251.
[251] Ebd.
[252] Ebd. – In Kafkas Text steht dem Ausdruck „dieses Spiel" (der „hinfälligen Kunstreiterin") der Begriff „Kunstfertigkeit" (der „schönen Dame") gegenüber.
[253] Ebd., S. 252.
[254] Ebd.

„Im Vergleich einfach zu schön" – Fiktive Nachformung und realistische Wiedergabe (Jurek Becker)

Jurek Beckers „Jakob der Lügner" hat zwei Schlussversionen, die der auktoriale Erzähler unterschiedlich beurteilt. Der Roman handelt von der Verbreitung unwahrer Nachrichten durch den Protagonisten Jakob unter den Bewohnern eines Ghettos. Die falschen Botschaften verheißen den meist aufnahmegierigen Empfängern die Befreiung (durch die Rote Armee) von der Tyrannei (durch die Deutschen). Die Hoffnung, die sich an eine Lüge bindet, trägt den Überlebenswillen. Wie der ganze Roman die Abhängigkeit der Menschen von der guten Nachricht der Erlösung reflektiert, so spiegelt die gegenbildliche Dopplung des Romanschlusses die Sorge des Erzählers um die Wahrheit der letzten Ereignisse und Dinge. Eine der beiden Fassungen, nämlich die vom Erzähler offen bevorzugte und deshalb zuerst vorgetragene, ist als fiktiv zu deuten, während der anderen, nachfolgenden Fassung der Status eines nicht-fiktiven Klartextes zugeschrieben wird.

Da der gesamte Roman eine modellhafte Fiktion darstellt, kann man die erste Schlussfassung als eine Fiktion in der Fiktion bezeichnen. Sie hat mit Einschränkung heroisierenden Charakter und führt den Protagonisten in seinen Heldentod. Ironisch verteidigt der Erzähler dieses „erfundene" Ende, das alsbald von der gegenbildlichen Erzählung des „wirklichen" Endes abgelöst wird. Das „erfundene" Ende, „bei dem man blass werden könnte vor Neid"[255], sei „unvergleichlich gelungener als das wirkliche Ende".[256] Es hat imaginären Charakter:

> „Ich male mir die Rache für Jakob aus [...], der Himmel wird hell vom Feuer der schweren Geschütze [...]. Ich stelle mir vor, im

---

[255] Jurek Becker: Jakob der Lügner, Frankfurt a. M. 1980, S. 258.
[256] Ebd.

Morgengrauen sind die letzten Kämpfe beendet, das Ghetto ist kein Ghetto mehr."[257]

Hierauf wird die Lesart der alternativen Version als authentischer, realistischer Fassung durch einen Erzählerkommentar klar festgelegt:

„Aber nach dem erfundenen endlich das blasswangige und verdrießliche, das wirkliche und einfallslose Ende, bei dem man leicht Lust bekommt zu der unsinnigen Frage: Wofür nur das alles?"[258]

Das „wirkliche" Ende handelt von der Deportation:

„In dem Waggon ist es sehr eng und stickig, die Juden hocken oder sitzen neben ihren fünf Kilogramm auf dem Boden, mindestens dreißig, meine ich. Das Schlafen in der Nacht, falls die Reise so lange dauert, wird ein Problem, denn hinlegen können sich alle auf einmal nicht, man wird es schichtweise tun müssen. Dunkel ist es auch […]."[259]

Der Erzähler ist befangen. Er habe die als nicht erlebt ausgewiesene Variante, da sie „zusammengezimmert"[260] sei, zwar stets mit Skrupeln wegen ihres Scheincharakters bedacht und es seien ihm „starke Bedenken gekommen betreffs der Wahrhaftigkeit, es klang im Vergleich einfach zu schön"[261]. Er fühlt sich aber zur Rechtfertigung verpflichtet und führt dafür verschiedene Gründe an. Der als fiktiv dargebotene, „einfach zu schöne" Schlussteil komme gewissen Ansprüchen der Solidarität mit den Menschen, die im Roman auftreten, entgegen, die „alle ein besseres Ende verdient"[262] hätten. Dies ist eine Begründung im Sinne poetischer Gerechtigkeit, die Rücksicht auf Gefälligkeiten nimmt. Ferner beruft sich der Erzäh-

---

[257] Becker 1980, S. 270 f.
[258] Ebd., S. 272.
[259] Ebd., S. 278 f.
[260] Ebd., S. 258.
[261] Ebd.
[262] Ebd.

ler auf seine dichterische Freiheit und auktoriale Souveränität: „weil meiner Willkür keine Grenzen gesetzt sind"[263]. Nicht zuletzt steht er zu seiner auktorialen Selbstbefangenheit. Er nennt das ausgearbeitete fiktive Textstück „meins" und führt die redliche schöpferische Arbeit am ästhetischen Mehrwert ins Feld: „ich mit meiner Mühe, die ich mir nicht umsonst gemacht haben möchte."[264] Deshalb kommt das „erfundene" Ende in dem Roman ebenfalls vor, und nicht nur das „wirkliche".

Der Erzähler betrachtet es als Akt der Fairness, dass er sowohl die auktorial-willkürliche als auch die gegenbildlich-authentische Fassung vorträgt. Die Letztere ist keineswegs die glanzvollere. Der Erzähler findet vielmehr, dass sie „armselig im Sande verläuft", sie sei die „hässliche" Variante.[265] Aber während die auktorialwillkürliche Fassung die Zweifel des Erzählers an der Scheinhaftigkeit erweckt, so dass er sich fragt, „ob es gut gehen kann, wenn man irgendeinem traurigen Tier aus Liebe den prächtigen Schwanz eines Pfauen anhängt"[266], wird in der gegenbildlich-authentischen Fassung die Ästhetik des Realismus, deutlich durch die illusionskritische Erzählersicht, reflektiert. Insofern hebt die zweite, die „hässliche" Fassung die erste, die als gefälliger einzuschätzen ist, auf. Man könnte sagen: Die Alternative zur Romantik der sinnvoll, das heißt poetisch gerecht erscheinenden Fiktion ist der unvoreingenommene Wirklichkeitssinn. Es fällt auf, dass er sich zum „Erfundenen" und „Gemachten" genauso verhält wie die „Kunstfertigkeit" der „schönen Dame" in Kafkas Parabel zum „Spiel" der „hinfälligen Kunstreiterin", also wie das Glaubwürdige zum Unglaubwürdigen, wie Authentizität zu Eitelkeit.

Die Gesinnung des Erzählers, der in Beckers Roman die nachgestellte Schlussversion, der die Qualität des Wahren und Echten eigne, mit einem bedauernden Ausdruck der Enttäuschung wieder-

---

[263] Becker 1980, S. 268.
[264] Ebd., S. 258.
[265] Ebd.
[266] Ebd.

gibt, ist der Befindlichkeit des Galeriebesuchers in Kafkas Parabel ähnlich, den das Überzeugende der Darbietung, das „Glück" (die Glückseligkeit) in der Performanz zu Tränen rührt. Sie gleichen einander in der Haltung des Schwernehmens. Beide repräsentieren eine konsequente Alternative – zum Abbrechen des schaustellerischen Geschehens, zur bloß vorläufigen Duldung einer unwahren Erzählfassung.

„Durch ein Gegengedicht widersprechen" – Lyrik und Gegenlyrik (Erich Fried)

Das Affektierte wird von der Kunstfertigkeit überboten, dem Fiktiven lässt sich das Realistische entgegenhalten, und dem Scheinhaften ist mit dem Wahren zu kontern. Auch lyrische Texte sind so revidierbar – durch lyrische Gegentexte.

Exemplarisch (zumal in der begründenden Reflexion) sind Erich Frieds „Gegengedichte"[267] aus dem Jahre 1968. Für die Neuedition einer frühen Sammlung seiner lyrischen Arbeiten legte der Autor alternative, modifizierende, Kritik und Selbstkritik reflektierende Fassungen vor:

> „Der Gedanke, Gegengedichte zu meinen eigenen Versen zu schreiben, kam mir, als mein vergriffener (1958 bei Claassen in Hamburg erschienener) Band *Gedichte* neu aufgelegt werden sollte. […] Beim Wiederlesen wurde mir klar, wie sehr ich mich seither geändert habe, aber auch, dass ich nicht nur deshalb und nicht nur aus ästhetischen Gründen anders schreibe, sondern mehr noch weil die Zeit, die sich auch in Gedichten spiegelt, nicht mehr dieselbe ist."[268]

---

[267] Erich Fried: Befreiung von der Flucht. Gedichte und Gegengedichte, Hamburg und Düsseldorf 1968.
[268] Erich Fried: Zur Erklärung, in: Fried 1968, S. 5-6, hier S. 5.

Zur Veranschaulichung der Spannung zwischen Gedicht und Gegengedicht sei „Die Maßnahmen"[269] gewählt, das der Dichter zehn Jahre später eigens durch ein Gegengedicht kommentierte.

Die Maßnahmen

Die Faulen werden geschlachtet
die Welt wird fleißig.

Die Häßlichen werden geschlachtet
die Welt wird schön.

Die Narren werden geschlachtet
die Welt wird weise.

Die Kranken werden geschlachtet
die Welt wird gesund.

Die Traurigen werden geschlachtet
die Welt wird lustig

Die Alten werden geschlachtet
die Welt wird jung.

Die Feinde werden geschlachtet
die Welt wird freundlich.

Die Bösen werden geschlachtet
die Welt wird gut.

Der ironischen Utopie von der gewaltsamen Weltverbesserung stellt der Dichter mit „Der Besinnliche"[270] eine dialektische Selbstbezichtigung gegenüber.

---

[269] Fried 1968, S. 96. – Vgl. auch Erich Fried: Gesammelte Werke, Bd. 1, München 1993, S. 565.
[270] Erich Fried: Der Besinnliche (Gegengedicht zu „Die Maßnahmen"), in: Fried 1968, S. 97.

Der Besinnliche

Ich will nicht mehr schlachten
drum wird weitergeschlachtet

Ich will nichts Böses tun
drum tu ich nichts Gutes

Ich will nicht mitmachen
drum mache ich nichts dagegen

Ich will von nichts wissen
drum ist meine Unwissenheit verwendbar

Ich will untätig sein
drum tut man mit mir was man will

Das ältere Gedicht macht die utopisch-einfachen Maßnahmen zu globaler Problemlösung, die in naiv-brutaler Problembeseitigung bestehen würden, lächerlich. Da aber als Fazit aus der Absurdität solchen Handelns nur die Tatenlosigkeit übrig zu bleiben scheint, klagt das Gegengedicht diese „Besinnlichkeit" als Grund für Stagnation und Verhängnis an. Während das ältere Gedicht allgemein von der Scheinhaftigkeit einer durchschlagenden Wirkung drastischer Handlungen in der Welt spricht, lässt das Gegengedicht den Ausdruck persönlichen Versagens und der Verzweiflung zu Wort kommen. Der Autor zieht die selbstkritische Konsequenz aus dem älteren Gedicht, reflektiert die Schuld des Subjekts, das sich von absurd überzogenen Tatenträumen die eigene Handlungsfreiheit in Frage stellen ließ, und formuliert dies Schuldeingeständnis als Gegengedicht.

Das Gegengedicht schlägt damit den kritischeren, ernsteren, glaubwürdigeren, eindringlicheren Ton an. Es kann und soll den Witz im Spiel mit dem Schein von Utopie nicht entkräften, aber als Korrektur der etwas zu leichtfertigen Ironie des frühen Gedichts hinterlässt es den beabsichtigten Eindruck, schwerer zu wiegen.

Erich Frieds Gegengedichte sind produktive Fortschreibungen der älteren Texte, nicht ihre Aufhebung, Verleugnung, Unterdrückung oder Zensur."[271] Der Autor erläutert die Konzeption der Gegengedichte folgendermaßen:

„Es liegt mir [...] nicht, alte Gedichte zensierend zurechtzuschreiben oder zu unterdrücken. [...] Aber dort, wo ich jetzt beim Wiederlesen fand, dass ich eine Aussage durch ein anderes Gedicht ergänzen, erweitern, vertiefen oder einem einseitigen Gedicht durch ein Gegengedicht widersprechen könnte, habe ich – wo mir etwas dazu einfiel – diese Gegengedichte geschrieben. Sie sind mitbestimmt von Form und Inhalt der Gedichte, an die sie anknüpfen."[272]

Daraus, dass es insbesondere die veränderten Zeitumstände gewesen seien, die den Autor zu neuen lyrischen Aussagen, „zu neuen Gedanken, zu neuen Formulierungen"[273] bewegt hätten, wird deutlich, dass sich im Verhältnis von Gedicht und Gegengedicht die Spannungen historischer Wandlung widerspiegeln: „Dass so Entwicklungen erkennbar werden, scheint mir wichtiger als die Wahrung einer überholten Einheitlichkeit."[274] Der lehrhaft reflektierende Gehalt der Gedichte und Gegengedichte Erich Frieds kennzeichnet ihr offensichtliches Potential als Stoff dialektischen Diskurses.[275]

---

[271] Fried: Zur Erklärung, in: Fried 1968, S. 5: „Der englische Dichter Auden, der [...] frühere Arbeiten verleugnen will – bei ihm die antifaschistischen Gedichte seiner besten Zeit –, war mir eine Warnung, derlei auch nicht mit umgekehrtem Vorzeichen zu versuchen. So habe ich auch keines der ‚versponnenen' oder ‚unengagierten' Gedichte des alten Bändchens unterschlagen."
[272] Fried 1968, S. 5 f.
[273] Ebd., S. 5.
[274] Ebd., S. 6.
[275] Das erste Gedicht-Gegengedicht-Paar im Band „Befreiung von der Flucht" handelt von der (vermeintlichen) Reife im Alter. Das lyrische Ich ist über sich selbst wie ein Kind vorm Greis erschrocken und beschwört als Scheinlösung einen Weg nach innen: „Nun will ich still sein / und träumen / dass ich träume // Nun will ich singen / und träumen / dass ich aufwache" (Traum im Traum, in: Fried 1968, S. 9). Dem steht der spätere Einspruch in Form einer rhetorischen Infragestellung entgegen: „Welche Lieder / hab ich gesungen / mich einzuschläfern? // Was tun meine Hände / Wer weckt mich? / zu welchem Geschäft?" (Erwachen im Erwachen, ebd., S. 10).

„Ein Bild" / „Ein andres" –
Dichterisches Vergleichsangebot (Arno Holz)

Ein weiteres aufschlussreiches Beispiel für Gegenbildlichkeit in der Lyrik stellen die beiden Gedichte „Ein Bild" und „Ein andres" von Arno Holz dar.[276] Wie Goethes Gedichte „Wandrers Nachtlied" mit seinen Versen der Resignation und „Ein Gleiches" mit dem abgeklärteren Ausdruck der Stille der Schöpfung[277] zusammengehören, so sind die zwei Gedichte von Holz aufeinander bezogen, wobei man im Titel des zweiten Gedichts eine bewusste Anspielung auf Goethes „Vor-Bild" vermuten darf. Der Titel bezeichnet die Gegenüberstellung, also die Gegenbildlichkeit zu „Ein Bild" direkt.

Das Gedicht „Ein Bild" beginnt mit den Versen:

„Aus Sandstein ist das gelbliche Portal,
Die roten Säulen aus Granit gehauen,
Und seitwärts in ein weißes Piedestal
Vergräbt ein Löwe seine Marmorklauen."

Dem widerspricht „Ein andres" durch das naturalistische Gegenbild. Der Anfang des Gedichts lautet:

„Fünf wurmzernagte Stiegen geht's hinauf
Ins letzte Stockwerk einer Mietskaserne;
Hier hält der Nordwind sich am liebsten auf
Und durch das Dachwerk schaun des Himmels Sterne."

Dem Herrschaftshaus stellt Arno Holz die „Mietskaserne" gegenüber, dem „Portal" das „letzte Stockwerk", den „roten Säulen" die „wurmzernagte Stiege", dem Bild der hellen und farbigen, steiner-

---

[276] Arno Holz: Das Buch der Zeit. Lieder eines Modernen, Zürich 1886, S. 43 f. und S. 44 f.
[277] Beide 1780.

nen Pracht das Gegenbild eines Milieus, in dessen Elend kalter Wind eindringt und wo das Dach keinen Schutz mehr bietet.

Durch die anklagende Gegenüberstellung zweier sozialer Lebenswelten erscheint nicht zuletzt das konträre Gedichtpaar selbst wie ein kritisches Gegenbild zur Naturbetrachtung in Goethes doppeltem „Nachtlied". Der Titel „Ein andres" evoziert den alternativen Status der „naturalistischen" Sicht, die abstoßende Milieuschilderung begründet den Widerspruch durch Anschaulichkeit.[278]

Authentizität durch Gegenbildlichkeit

Gegenbildlichkeit bindet den Geist des Widerspruchs. Wie das Nicht-Fiktionale das Sachliche ist und das Nicht-Bildliche gleichbedeutend mit dem Wörtlichen, wie also erst die begriffliche Negation auf das Authentische zeigt, so ist das Gegenbildliche eine Parteinahme für das Glaubwürdigere, Gründlichere, Realistischere.

Bei Franz Kafka wird die zirzensische Kür zur Übertrumpfung des illusionistischen Zirkus, damit das gefährdete Schöne gegen den erzwungenen Schein stehe. Den Betrachter bewegt dieser Anblick des Vollkommenen tief, er macht ihn melancholisch. Bei Jurek Becker setzt sich die „blasswangige" Erzählvariante gegen

---

[278] Ein Spiel mit der Gegenbildlichkeit in Form einer „Kippversion" durch umkehrende Metaphorik ermöglicht das schon klassische Gedicht „Juni" von Marie-Luise Kaschnitz (in: Gedichte, Hamburg 1947). Das Gedicht ist als ironische Verherrlichung der Schönheit der Natur interpretierbar, wobei das „Positive" und „Schöne", das aus den poetischen Bildern spricht, als künstlerische Fiktion gelesen wird. Man kann das ganze Gedicht oder einzelne Stellen daraus – beispielsweise als Experiment in einer Schreibwerkstatt – ins „Negative" umdichten. Dann wird beispielsweise aus V. 1 „Schön wie niemals sah ich jüngst die Erde" das schwarz-malerische Gegenbild „Hässlich wie schon lange sah ich wieder mal die alte Erde" oder aus V. 5 „Funkelnd lagen ihre blauen Seen" der Verschmutzungs-Gegenvers „Dreckig waren ihre Biotope" oder aus V. 21 f. „Unaufhörlich trieb die junge Erde / durch das siebenfache Licht des Himmels" die kritisch anklagende Variante „Ächzend mühte der Planet sich / unter Satellitenschrott im Orbit" usw. Solche Gegenbildlichkeit provoziert Geschmacks- und Werturteile.

die auktorial hervorgebrachte Geschichte mit dem tragischen Heldentod durch, damit ein unideologischer Realismus dämmere. Der implizite Leser nimmt dies, unterstützt durch lehrhafte Bemerkungen des Erzählers, als sinnvolle Ernüchterung auf. Bei Erich Fried geschieht ein Realitätsgewinn aus der dichterischen Korrektur der Dichtung, damit der Weg der Vernunft durch die Widersprüche der historischen Dialektik begehbar bleibt. Der Leser des Gegengedichts kann die selbstbezichtigende Kritik am älteren Text auch auf das eigene Denken und Empfinden beziehen. Arno Holz konturiert das naturalistische Gegenbild des sozialen Milieus, damit Desillusion sich durch Anschauung begründe. Das Gegenbild erzeugt eine kritische Gegenperspektive der sozialen Wahrnehmung.

Wir stellen also bisher eine vierfache Ausprägung bzw. Wirkung von vermehrter Authentizität durch Gegenbildlichkeit fest. Das authentisch Schöne bewahrt den von tiefer Melancholie ergriffenen Betrachter (Galeriebesucher) vor subjektivem Übermaß der Empörung (Kafka). Die Entscheidung für die authentische, „wirkliche" Erzählvariante fördert unvoreingenommenen Realitätssinn (Becker). Das konsequente dialektische Gedankenspiel setzt sich in authentischer Selbstkritik fort und findet in der Selbstbezichtigung eine produktive Form der dichterischen Aussage (Fried). Die ungeschminkte Darstellung bewirkt, da sie authentische Anschauung zum Gegenstand hat, betroffene Desillusion (Holz).

Diese Deutungen erscheinen als mögliche paradigmatische Sinngebungen von Gegenbildlichkeit. Es handelt sich um verschiedene Weisen der Distanznahme. Sie erheben, indem sie sich als Vergleichsgelegenheiten anbieten, jeweils Einspruch: gegen den falschen Schein (Kafka), gegen die „zu schöne" und somit verdächtige Fiktion (Becker), gegen das Gedankenspiel, das sich, da es Tatenlosigkeit impliziert, als leichtfertig erweist (Fried), gegen die Illusion (Holz).

„Hätt er nicht den schwarzen Schatten, der Wald" – Verschiedene gegenbildliche Pointen

In der Dialektik von Bild und Gegenbild mag bilderstürmerischer Mut reflektiert sein. Ein Gegenbild – welcher Gattung auch immer – kann sowohl ein Spiegel, als auch ein Zerrspiegel des Bildes sein, auf welches es sich bezieht, möglicherweise seine Übermalung. Es kann Konterfei und Fratze sein, Variante und Entstellung, Kommentar und Korrektur. Dabei erfährt ein Bild durch sein Gegenbild, dessen spiegelnder Wirkung es sich nicht entziehen kann, sozusagen die Ehre der kritischen Würdigung. Dies ist unter anderem der Fall in Formen der Parodie, der Travestie, der Karikatur, der Verfremdung, im Phänomen der „Komik der Gegenbildlichkeit"[279]. Bei allen Unterschieden der Intention, inhaltlichen Aussage und künstlerischen Komposition bleibt das Gegenbild das Komplement des Bildes – sich daran bindend oder sich von ihm abstoßend. Dies entspricht dem selbstverständlichen Gegebensein der Reihenfolge: dem jeweiligen Vortritt des Bildes vor dem nachsetzenden Gegenbild.

Hingewiesen sei hier auf Beispiele aus der Malerei, die das Phänomen literarischer Gegenbildlichkeit illustrieren können. Pablo Picasso malte 1957 „Las Meninas"[280], ein Gegenbild zum Gemälde mit eben diesem Titel aus dem Jahre 1656 von Diego Velázquez[281]. Zu erwähnen ist ebenfalls Marcel Duchamps 1919 angefertigtes Bild „L.H.O.O.Q."[282], worin er Leonardo da Vincis zu Anfang des 16. Jahrhunderts porträtierte „Mona Lisa" („La Gioconda") verfremdete, oder Andy Warhols „Mona Lisa" von

---

[279] Hans Robert Jauß: Über den Grund des Vergnügens am komischen Helden, in: Wolfgang Preisendanz und Rainer Warning (Hg.): Das Komische. Poetik und Hermeneutik VII, München 1976, S. 105.
[280] Pablo Picasso: Las Meninas (Studie 1957). Museo Picasso, Barcelona.
[281] Diego Rodriguez de Silva y Velázquez: Las Meninas (Gemälde 1656), Prado, Madrid.
[282] Marcel Duchamp: L.H.O.O.Q. (1919), Museum Boijmans Van Beuningen, Rotterdam.

1963 sowie Andy Warhols „Goethe", womit der Künstler 1982 Johann Heinrich Wilhelm Tischbeins „Goethe in der römischen Campagna" von 1787 paraphrasierte. Verallgemeinernd kann man sagen, dass in den genannten Beispielen die Originale respektiert bleiben. Lebensweltliche Erfahrungen sind oft von Gegenbildlichkeiten sozialer, politischer, biographischer, existentieller Art geprägt. Das zeigt wiederum die Literatur auf vielfältige Art und Weise.[283] Überblendungen, Juxtapositionen und Kontrastierungen können schillernd wirken und die Fantasie reizen. Max Frischs Stück „Biographie", eine Komödie der Alternativfassungen eines Lebens, spielt beispielsweise mit Gegenbildern zu scheinbar schicksalhaft entscheidenden privaten Situationen.[284] Der Reiz und die Pointe des Stücks bestehen nicht zuletzt in der Erkenntnis der Grenze der Wahlfreiheit. „Kürmann: Was kann ich wählen? – Registrator: Wie Sie sich dazu verhalten, dass Sie verloren sind."[285] Samuel Becketts poetische Farce der realen Adventsvergessenheit „Warten auf Godot" hat zwei Akte, in denen sich das gegenbildliche Spiel kleinerer Lebenssegmente – zwei Tage als zugleich existentielle und dramaturgische Einheiten – widerspiegelt. Der zweite Akt wirkt wie ein Echo des ersten: „Am nächsten Tag, um dieselbe Zeit, an derselben Stelle. [...] Der Baum trägt einige Blätter."[286]

---

[283] Eine kleine Aufzählung aus der Fülle archetypischer Gegenbildlichkeiten wie Alter Bund und Neuer Bund, Altes Testament und Neues Testament, „anciens" und „modernes", Klassik und Romantik, Moderne und Postmoderne, Kunst und Anti-Kunst, Off und Off-Off, Saulus und Paulus, Dr. Jekyll und Mr. Hyde, „Der Jasager" und „Der Neinsager", Shen Te und Shui Ta zeigt, dass solche Entgegensetzungen essentielle Spannungen signalisieren und dialektische Reflexion herausfordern.
[284] Max Frisch: Biographie. Ein Spiel, Frankfurt a. M. 1967.
[285] Ebd., S. 105.
[286] Samuel Beckett: Dramatische Dichtungen in drei Sprachen, Ausgabe in einem Band, Frankfurt a. M. 1981, S. 117.

Der Reiz der reduzierten Gegenbildlichkeit beruht bei Beckett auf raffinierten Resonanzen, Variationen und Permutationen.[287] Auch Hölderlins Sinngedicht „Hälfte des Lebens" thematisiert eine gegenbildliche Struktur. Es stellt der Reife und Vollendung, evoziert im Bild der Fülle des Spätsommers – „Mit gelben Birnen [...] / Und voll mit wilden Rosen [...]" – das Gegenbild des unweigerlichen Endes, des klirrend kalten Winters – „Die Mauern stehn / Sprachlos und kalt"[288] – gegenüber. Gegenbildliche dichterische Aussagen im Kontext moderner Naturlyrik finden sich bei Georg Britting, zum Beispiel in „Der Sommer ist fürchterlich"[289]. Anfang und Ende des Gedichts lauten:

„Der Sommer ist fürchterlich:
Seht ihn nur toben!
Wie kann man ihn loben,
Der seine Lanzen wirft,
Uns zu erstechen –

[...]

---

[287] Es gibt in der Literatur auch Beispiele für dreigliedrige Wechselbezüglichkeit. Zu nennen wären etwa die Erzählung „Drei Tode" (1859) von Leo N. Tolstoi oder der aus drei aufeinander bezogenen Berichten gestaltete Prosatext „Krise" (1933) von Wolfgang Koeppen, auch der aus mehreren gegenbildlichen Novellen bestehende Roman „The Bridge of San Luis Rey" (1927) von Thornton Wilder. Das Phänomen der Trilogie gehört eigentlich nicht hierher, solange die Dreiteiligkeit eher seriellen und weniger gegenbildlichen Charakter hat. Eine Ausnahme bildet allerdings die Trilogie „Molloy, Malone meurt, L'innommable" (geschr. 1947-1949) von Samuel Beckett. Darin ist der zweite Roman ein Gegenbild zum ersten und der dritte eine Radikalisierung des Gestaltungsprinzips des zweiten, den er kritisiert, also dessen Gegenbild. Den ersten Teil dieser Trilogie kennzeichnet durch seine eigene Zweiteiligkeit eine innere Bild-Gegenbild-Struktur.

[288] Friedrich Hölderlin: Sämtliche Werke, hg. v. Friedrich Beißner (Stuttgarter Ausgabe), Stuttgart 1946-1985 Bd. 2/1, S. 117; Kommentar Bd. 2/2, S. 663 f.

[289] Georg Britting: Gesamtausgabe in Einzelbänden. Bd. I. Gedichte 1919-1939, München 1957.

Hätt er nicht den schwarzen
Schatten, der Wald,
Und die Quelle froschkalt,
Wär nicht zu ertragen
Die hitzige Zeit."

Das Gegenbild schöpft dialektischen Gewinn aus dem scheinbar Negativen, den „schwarzen Schatten". Das Gedicht steht im Kontext der kritischen Naturlyrik Brittens, die oft antithetische Strukturen zeigt, wie sie etwa auch von Barockdichtern verwendet wurden. Sie spiegeln diskursartige Gedankenbewegungen wider, die sich an Widersprüchen produktiv entfalten.

Der Austausch von Gedanken und Gegengedanken, Thesen und Gegenthesen, Konzepten und Gegenkonzepten, Bildern und Gegenbildern gehört stets zu den Erscheinungsformen lebendiger Kontroversen. Bild-Gegenbild-Paare finden sich in lehrhaften Kurztexten, etwa bei Gotthold Ephraim Lessing in den beiden Sinngedichten „Pompils Landgut" und „Widerruf des Vorigen"[290]:

Pompils Landgut

Auf diesem Gute lässt Pompil
Nun seine sechste Frau begraben.
Wem trug jemals ein Gut so viel?
Wer möchte so ein Gut nicht haben?

Widerruf des Vorigen

Ich möchte so ein Gut nicht haben.
Denn sollt' ich auch die sechste drauf begraben:
Könnt' ich doch leicht – nicht wahr, Pompil? –
Sechs gute Tage nur erlebet haben.

Eine gleiche Struktur findet sich bei Lessings Fabeln „Der Löwe mit dem Esel" und „Der Esel mit dem Löwen", die im zweiten der

---

[290] Gotthold Ephraim Lessing: Sinngedichte [1753/1771]. Das dichterische Werk, Bd. 1, München 1979, S. 11f. (Nr. 12 und Nr. 13).

drei Fabel-Bücher unmittelbar aufeinander folgen, also deutlich gegenbildlich ediert sind.[291]

Negationen und Alternativen – Beispiele der Gegenbildlichkeit in historischer Hinsicht

Historische Entwicklungen zeigen oft die Struktur einer Bild-Gegenbild-Dialektik. Zumal im Bereich der Geschichte der Literatur und ihrer Theorie kann es ergiebig sein, eine Bewegung theoretischer Konzepte anzunehmen, deren historischer Wandel auf der Durchsetzungskraft gegenbildlicher Entwürfe beruht.[292] So wäre beispielsweise die aristotelische Theorie der Darstellung des Möglichen und Wahrscheinlichen als ein Gegenbild zu Platons Bild von der Dichtung als Nachahmung anzusehen. Eine Reaktion auf die Position des Aristoteles stellen erst in der fortgeschrittenen Moderne des zwanzigsten Jahrhunderts entweder die ästhetischen Gegenbilder dar, die das Nicht-Mimetische beschwören[293], oder die Stücke Bertolt Brechts, deren „nicht-aristotelische" Programmatik deutlichen Gegenbildcharakter hat. Auch Friedrich Dürren-

---

[291] Lessing: Fabeln. Zweites Buch, Nr. VII und Nr. VIII, in: Lessing 1979, S. 247 f.

[292] Vgl. Herbert Mainusch: Skeptische Ästhetik, Stuttgart 1991, S. 122: „Die Theorie der Kunst ist ihre Geschichte [...]. Durch die geschichtliche Entwicklung entstehen keine Normen für das später Erscheinende. Vielmehr verhält es sich umgekehrt: Durch jedes neue Werk verändert sich das Ganze." (Mainusch bezieht sich auf Friedrich Schlegel: Nachtrag italienischer Gemälde, in: Ansichten und Ideen von der christlichen Kunst, Kritische Ausgabe, hg. v. H. Eichner, München und Paderborn 1959, IV, S. 70.)

[293] Vgl. Siegfried J. Schmidt: „Konkrete Kunst, in welchem Medium auch immer sie verwirklicht wird, ist eine ‚nicht-mimetische', generative Kunst, die die sinnliche Wahrnehmung der sichtbaren Wirklichkeit [...] aufhebt und sich auf die Thematisierung ihrer künstlerischen Mittel selbst konzentriert." (Konkrete Dichtung. Texte und Theorien, hg. v. Siegfried J. Schmidt, München 1972, S. 140 f.). Vgl. auch Winfried Eckel: Musik, Architektur, Tanz. Zur Konzeption nicht-mimetischer Kunst bei Rilke und Valéry, in: Rilke und die Weltliteratur, hg. v. Manfred Engel und Dieter Lamping, Düsseldorf, Zürich 1999, S. 236-259.

matts Entwurf einer „Dramaturgie des Unwahrscheinlichen"[294] ist von anti-aristotelischer Gegenbildlichkeit bestimmt. Wenn es beispielsweise sinnvoll ist, darüber nachzudenken, ob und wie Literaturgeschichte unter der besonderen Berücksichtigung der Kanonbildung dadurch zu fundieren sei, dass man bei jedem Werk fragt, „von welchem anderen literarischen Werk es beeinflusst wurde und welches andere literarische Werk es beeinflusst hat"[295], dann kann es als ebenso sinnvoll erachtet werden, dabei statt auf Beeinflussungen vielmehr auf Abstoßungen, Negationen, Widersprüche zu achten. Es wäre dann jeweils die besondere Gegenbildlichkeit einer literarisch-ästhetischen Position zu würdigen. Um ein eindrucksvolles Beispiel für die Produktivität gegenbildlichen Widerspruchs zu nennen, sei hier auf eine Selbstäußerung Samuel Becketts hingewiesen, in der er sich von James Joyce abgrenzt:

„The more Joyce knew the more he could. He's tending towards omniscience and omnipotence as an artist. I'm working with impotence, ignorance. I don't think impotence has been exploited in the past."[296]

„Was einmal gedacht wurde, kann nicht mehr zurückgenommen werden."[297] Diesen beunruhigenden Satz legt Friedrich Dürrenmatt dem Physiker Möbius in den Mund, der ihn auf verhängnisvolle wissenschaftliche Konzeptionen bezieht. Eine weniger fatalistische Sicht lässt freilich Kehrkonzepte, Gegenbilder zu. Das Spektrum der Möglichkeiten solcher Wandlung reicht von der Emendation

---

[294] Vgl. Elisabeth Emter: Friedrich Dürrenmatt: Dramaturgie des Unwahrscheinlichen, in: Dies.: Literatur und Quantentheorie: Die Rezeption der modernen Physik in Schriften zur Literatur und Philosophie deutschsprachiger Autoren (1925-1970), Berlin, New York 1995, S. 218-270.

[295] Wulf Segebrecht: Was sollen Germanisten lesen? Ein Vorschlag. 2., überarbeitete und erweiterte Auflage, Berlin 2000, S. 15.

[296] Israel Shenker, zit. in: Henner Laass u. Wolfgang Schröder: Samuel Beckett, München 1984, S. 22.

[297] Friedrich Dürrenmatt: Die Physiker. Komödie in zwei Akten. Neufassung 1980. Werkausgabe in dreißig Bänden. Bd. 7, Zürich 1986, S. 85.

eines Begriffs, der Korrektur eines semantischen Konzepts oder rhetorischen Topos bis zur Revision eines Weltbildes, einer universalen Anschauung, einer globalen Theorie. Ein folgenreicher paradigmatischer Begriffsaustausch ereignete sich zum Beispiel, als die Formel, die John Locke 1690 zur Rechtfertigung des Staates und der Regierung für die Bürger geprägt hatte – „the mutual preservation of their lives, liberties, and estates, which I call by the general name of ‚property'" –, von Thomas Jefferson in der amerikanischen Unabhängigkeitserklärung 1776 aufgegriffen und verändert wurde zu „life, liberty, and the pursuit of happiness".[298]

Die Veränderung oder der Ersatz eines Wortes kann, wenn diese Wandlung an entscheidender Stelle geschieht, Weltbilder und Lebensentwürfe ins Wanken bringen und verändern. Einen allumfassenden, pan-revolutionären Gegenentwurf dokumentieren die Evangelisten, indem sie die Worte Jesu weitergeben: „Ihr habt gehört, dass gesagt ist […]. Ich aber sage euch […]"[299] Das sind Setzungen, die in überlieferten Gesetzesgehorsam eingriffen. Ein auffallend später literaturgeschichtlicher Reflex der neutestamentlichen Revolution kann, was sich hier nur andeuten lässt, auch im Niedergang des Vor-Bildes der klassischen Tragödie im christlichen Abendland und der Ablösung der in ihr aus der heidnischen Antike tradierten Rachegesetze, Schicksalsängste und Schuldkomplexe durch eine Favorisierung des Gegenbildes der Komödie und

---

[298] Locke hatte den Besitzbürgern die Dreifaltigkeit des Bewahrenswerten vorstrukturiert und die Ternion im Begriff „property" gipfeln lassen. (John Locke: The Second Treatise of Government, 1690, New York, The Liberal Arts Press, 1952, S. 5. – Ebd.: „The great and chief end, therefore, of men's uniting into commonwealths and putting themselves under government is the preservation of property.") Jefferson verwendete dieses Begriffskonzept, ohne die Quelle nennen zu müssen, für den Text der Unabhängigkeitserklärung, indem er das letzte der drei Elemente gegen das heutzutage bekanntere austauschte. („The Declaration of Independence", In Congress, July 4th, 1776). Die Ersetzung von „the preservation of property" durch „the pursuit of happiness" schuf ein begriffliches Gegenbild von fundamentalem Ausmaß.

[299] Vgl. Mt 5, 43-44.

ihres so befreiten wie befreienden Esprits gesehen werden.[300] Im Vorstellungshaushalt der Menschen scheinen Gegenbilder nicht zuletzt dadurch Vermittler von historischem Fortschritt zu sein, dass ihnen außer negativer Wahrnehmung und alternativer Sicht oft die Entlastungseffekte des Witzes eignen.

Bedachtsame Widersetzlichkeit

Gegenbilder sind Paradigmen einfallsreicher, ja fantasievoller Entzauberung. Anhand der ausgewählten literarischen Beispiele konnte gezeigt werden, dass sie Vorstellungen von ernster innerer Beteiligung evozieren („Auf der Galerie"), Nüchternheit des Realitätssinns als Qualität von Unverlogenheit favorisieren („Jakob der Lügner"), dialektische Selbstkritik als dichterische Produktivkraft dokumentieren („Der Besinnliche") oder Desillusion in anschaulicher Gegendarstellung fundieren („Ein andres").

Begriffliche, semantische, imaginative Gegenentwürfe knüpfen an die bestehenden Entwürfe an. Für viele konzeptuelle Wandlungsprozesse, die sich in lebensweltlichem Kontext und im Gebiet geschichtlicher Entwicklung ereignen, ist die Dialektik von Bild und Gegenbild kennzeichnend. Sie stellt eine Struktur bereit, deren Nutzen nicht zuletzt in vermehrter Deutlichkeit und Evidenz gesehen werden kann.

Gegenbildlichkeit bedeutet Absage und Negation, Prüfung und Ergänzung, sie ist Teil eines prozesshaften Ganzen und kann Mittel der Aufhebung im Hegelschen Sinne sein. Gegenbilder nehmen – ausgesprochen oder unausgesprochen – Partei gegen das vermeintlich Unumstößliche. Sie widersprechen den Bildern und müssen

---

[300] Vgl. Friedrich Schiller: Über naive und sentimentalische Dichtung, Nationalausgabe, Bd. 20, Weimar 1962, S. 446. Schiller meint hier, es seien „alle Tragödien überflüssig", wenn der Zustand erreicht sei, dass man in der Komödie „mehr über Ungereimtheiten zu lachen als über Bosheit zu zürnen und zu weinen" habe. Die Gattung der Komödie figuriert in dieser Betrachtungsweise als Gegenbild zur – eigentlich obsoleten – Gattung der Tragödie.

doch selbst Bilder sein, aber die in ihnen zum Ausdruck gebrachte alternative Vision zielt auf das Freisein für Revisionen.

In ästhetischer Hinsicht partizipieren sie am Scheincharakter, aber eben dabei versuchen sie, gegen die Täuschung etwas ins Bild zu setzen, das wahr ist. Gegenbildlichkeit verteidigt Authentizität. Gegenbilder sagen gegen die Bilder – mit Kafka: „aber nicht so". Sie setzen etwas dagegen, indem sie, was Adorno – einen Beckett-Titel zitierend – in den Kunstwerken überhaupt erkannte, „zur Konstellation bringen, wie es ist, ‚Comment c'est'"[301]. Ihr alternativer Stand gründet im Ausdruck der Trauer um das Wahre. Im Gegenbild als einer Form der Erscheinung des Authentischen und Essentiellen, einer Dämmerung, dass „dies so ist", mag deshalb die Wirkung liegen, dass ein Betrachter, ein Leser, ein Rezipient, ein Galeriebesucher, ein Kunstsympathisant wie in Kafkas melancholischer Pointe – auch „ohne es zu wissen"[302] – tief in sich geht.

In dialektischer Fortführung mag der alternativen Vision bald die Alternative der Alternative folgen. Denn was bildliche Form angenommen hat, sich also auch gegenbildlich im Modus des Scheinens, des Erscheinens manifestiert, wird erneut Ausdruck hervorrufen. Dieses Phänomen fasst Adorno in den Satz: „Ausdruck und Schein sind primär in Antithese."[303] Dabei ist vorausgesetzt, dass „Ausdruck kaum anders sich vorstellen [lässt] denn als der von Leiden"[304]. Dies rechtfertigt die Tränen auf der Galerie bei Franz Kafka, die „blasswangige" Schlussfassung des Romans von Jurek Becker, die Selbstbezichtigungsfigur im Gedicht von Erich Fried, die untröstliche Sicht bei Arno Holz, die bedachtsame Widersetzlichkeit als Merkmal der Gegenbilder. Die Sorge und kritische Anteilnahme, die ein Galeriebesucher weiteren Grades zum Ausdruck zu bringen hat, wird von den Zügen solchen Leidens,

---

[301] Theodor W. Adorno: Ästhetische Theorie. Gesammelte Schriften 7, Frankfurt a. M. 1970, S. 201.
[302] Kafka 2002, S. 252.
[303] Adorno 1970, S. 168.
[304] Ebd., S. 169.

solcher Melancholie und Passion gelingender Überbietung bewegt sein. So fügt sich Gegenbildlichkeit in den permanenten Revisionismus der Moderne.

Abbildung „beckett, etwas nervös" S. 108 und Umschlagbild „Vielleicht brennt der Stift" © Michael Blümel

Veröffentlichungsnachweise

I. Teil

„Über die Unverfügbarkeit der Poesie". In: *Lichtungen. Zeitschrift für Literatur, Kunst und Zeitkritik*, 29. Jg., Heft 116 (2008), S. 119-123.

„Über gewisse anti-literarische Neigungen im Gebiet der Literatur". In: *Lichtungen. Zeitschrift für Literatur, Kunst und Zeitkritik*, 24. Jg., Heft 94 (Juni 2003), S. 102-108.

„Was übrig bleibt". In: *Der Literat. Fachzeitschrift für Literatur und Kunst*, Jg. 49, März 3/2007, S. 15-16.

„Die Umkehr des Negativs im Kopf des Betrachters". In: *Rundbrief Fotografie. Analoge und digitale Bildmedien in Archiven und Sammlungen*, Vol. 12 (2005), No. 3 [N.F. 47], S. 12-15.

II. Teil

„Von den Metaphern-Brücken der Künste". In: *Der Literat. Fachzeitschrift für Literatur und Kunst*, Jg. 49, Juli/August 7/8/2007, S. 14-16.

„Tarnkappe für das Kunstwerk?" [Über Friedrich Engels' Satz „Je mehr die Ansichten des Autors verborgen bleiben, desto besser für das Kunstwerk"]. In: *Der Literat. Fachzeitschrift für Literatur und Kunst*, Jg. 48, September 9/2006, S. 11-12.

„*Immer irgendwo Gewitter.* Aspekte der Gleichzeitigkeit bei Stanisław Lem, Theodor Fontane, Hermann Broch, Karl Gutzkow, Max Frisch, Arundhati Roy, David Lodge, Samuel Beckett und anderen" – unveröffentlicht.

„Punkt, Mitte, Kreis". In: *Zeichen & Wunder. Zeitschrift für Lyrik, Prosa und Essays der Gegenwart*, Jahrgang 19, Ausgabe 52 (November 2008), S. 11-16.

„Zur Geschichte der Spaßgesellschaft. Über Goethes ‚Vorspiel auf dem Theater'". In: *MERKUR. Deutsche Zeitschrift für europäisches Denken*, Jg. 64, Heft Nr. 729, Februar 2010, S. 179-181.

III. Teil

„Samuel Beckett 1961 in Bielefeld. Ein Stück Literaturgeschichte des zwanzigsten Jahrhunderts". In: *Decision. Zeitschrift für deutsche und französische Literatur*, 21. Jg., Nr. 82 (2008), S. 30-35.

„Krapp, später – Über die Fortsetzung der Diskontinuität". In: *Lichtungen. Zeitschrift für Literatur, Kunst und Zeitkritik*, 31. Jg., Heft 123 (2010), S. 104-111.

„Aus dem Geist des Zweifels am Gedicht".
Über Marianne Moore. In: *Der Literat. Fachzeitschrift für Literatur und Kunst*, Jg. 46, 12/2004, S. 7-9.

„Vom Sinn des Trotzes und der Demut".
Über Ingeborg Bachmann. In: *Der Literat. Fachzeitschrift für Literatur und Kunst*, Jg. 47, 3/2005, S.12-13.

„‚Da es aber nicht so ist'. Gegenbildlichkeit bei Franz Kafka, Jurek Becker, Erich Fried, Arno Holz und anderen". In: *Literatur für Leser*, 3/2004, S. 127-141

Die Essays wurden für dieses Buch neu durchgesehen und im Text teilweise geändert.